Le livre des vrais surdoués

DU MÊME AUTEUR

Aux Éditions Payot :

Petit guide à l'usage des gens intelligents qui ne se trouvent pas très doués
Bien avec soi-même, bien avec les autres
Le Livre des bonnes questions à se poser pour avancer dans la vie
Petit guide à l'usage des parents qui trouvent (à juste titre) que leur enfant est doué
Réussir grâce à son intuition. Être plus rapide. Avoir des idées nouvelles. Voir ce que les autres ne voient pas
Exercices pratiques pour utiliser votre intuition en toutes circonstances
Six clés pour se sentir enfin à sa place
L'Enfant précoce au quotidien. Mes conseils pour lui simplifier la vie à l'école et à la maison
Le Burn-Out des enfants. Et si on leur en demandait trop ?
Le Livre des vrais surdoués

Chez d'autres éditeurs :

Petit atelier de mieux-être au travail pour salariés de tous horizons (First)
« Une autre façon de penser : l'intuition » in *Secrets de psys* (Odile Jacob)
Comment se faire des amis (Éditions 365)
La Confiance en soi (Éditions 365)
L'Obéissance (avec Aurore Aymelet, Hachette Pratique)
Les Caprices (avec Aurore Aymelet, Hachette Pratique)
Ma grand-mère avait bien raison (First)
« Non je ne suis pas une mère parfaite » in *Secrets de psys* (Odile Jacob)
Prendre la vie du bon côté (Odile Jacob)

BÉATRICE MILLÊTRE

Le livre des vrais surdoués

PAYOT

Retrouvez l'ensemble des parutions
des Éditions Payot & Rivages sur
payot-rivages.fr

– Qu'est-ce que Gibson t'a dit ?

– Il m'a dit que Ken était très intelligent et m'a demandé si je le savais.

– Qu'as-tu répondu ?

– J'ai dit non, que je le croyais bête ; il a dit que parfois les gens très intelligents paraissent bêtes.

La fossette se creusa soudain dans le visage fatigué de Nell.

– Je n'aurais jamais cru Gibson assez fin pour dire une chose pareille.

– Le savais-tu, Nell, que Ken est exceptionnellement intelligent ?

– Je m'en doutais.

– Qu'est-ce qui a pu t'en donner l'idée ? Il a toujours raté ce qu'il a entrepris… jusqu'à cet été.

– Eh bien ! dit Nell, lentement, pensivement, un rêveur, tu sais, est doué d'un esprit qui dépasse la surface des choses.

Mary O'Hara, *Mon amie Flicka*[1].

1. Traduit de l'anglais par Hélène Claireau, Paris, Gallimard-Jeunesse, coll. « Folio Junior », 2008.

Introduction

Je referme la porte de mon cabinet sur une jeune femme que je voyais pour la première fois et avec qui je viens de passer une heure.

« J'ai découvert il y a un an que je suis surdouée, me dit-elle en pleurant, et c'est la source de tous mes problèmes. Je ne peux pas m'entendre avec mon mari, car il ne me comprend pas. Personne ne me comprend d'ailleurs, pas plus mes parents qui m'ont toujours dit que j'étais spéciale. Je me sens seule et incomprise. Je n'ai pas d'amis, car si je veux être en accord avec moi-même, je ne peux pas continuer à les fréquenter : ils sont si imparfaits. Quant aux relations professionnelles, je vais démissionner de mon poste (je suis aujourd'hui conseillère de vente dans l'habillement de luxe après avoir fait des études de langues et avoir été responsable de projet dans l'événementiel), parce que ma responsable est inquiétante : elle oublie parfois de donner leurs tickets de caisse aux clientes et vous imaginez les problèmes que cela peut engendrer si elles veulent procéder à un échange ! Pour moi qui suis intelligente, c'est intolérable, d'autant qu'ensuite elle nous fait la leçon. Mes valeurs ne peuvent se satisfaire de cette médiocrité. J'avais accepté ce travail après une dépression, et je m'en suis sortie toute seule, en lisant encore et encore et en partageant mes idées sur les forums de “zèbres”. C’est fou ce que l’on y apprend, et l’on se sent moins seul de voir que les autres surdoués vivent exactement les mêmes difficultés. C’est rassurant. »

Nous échangeons un moment et lorsque je lui dis que le surdouement n’est pas une pathologie, elle acquiesce, mais lorsque j’ajoute que donc les surdoués vont bien, dans leur grande majorité, elle me fixe d’un regard pénétrant d’incompréhension. J’ajoute encore que des recherches nous montrent qu’ils vont même mieux que les autres, étant moins anxieux, plus résilients et possédant de manière intrinsèque des composantes conduisant à l’épanouissement personnel. Je termine en disant que certains vivent des ruptures, des événements de vie douloureux, comme tout un chacun, ni plus, ni moins, dus à des parcours personnels, des structures de personnalité et des caractères individuels. Et là, je l’ai perdue : pour elle, tous les surdoués vont mal, et ses souffrances ne peuvent provenir que de là. Il n’y a pas de possibilité, pas encore, de se remettre en question. Comme pour tout le monde, il est plus facile de s’en remettre à un problème que de s’en sentir, en partie, responsable. Il est plus facile de dire que l’on va mal parce que l’on est surdoué, ce qui évite de se remettre en question, plutôt que de se dire : « Je suis surdoué. Point. Je vais mal. Point. » Là, vous vous posez les bonnes questions. Vous pouvez remettre en question votre posture et avancerez vers des solutions constructives.

Ce qui est certain dans le cas de cette jeune femme, c’est qu’elle n’a pas bénéficié d’un environnement permettant son épanouissement propre. Or c’est la clef, pour tous, surdoués ou non, de l’expression de notre singularité dans un monde peuplé d’individus semblables et différents.

Il est, pour moi, relativement incompréhensible que l'on assimile encore à notre époque le surdouement à une problématique, à une souffrance.

Si, en effet, et je ne le nie pas, certains surdoués souffrent par méconnaissance de leur fonctionnement propre, d'autres des mêmes souffrances que tout un chacun, la grande majorité va bien. Ce n'est pas moi qui le dis, ce sont les recherches scientifiques internationales.

Je crois que cet exemple, couplé au suivant, m'a conduit à écrire ce livre pour vous expliquer comment et pourquoi vous allez bien, très bien même.

Le second exemple est celui d'un petit garçon de sept ans qui m'est adressé par un collègue avec ce mot laconique : « Enfant précoce qui en montre toutes les caractéristiques : il est traité de nul à l'école par ses pairs, où il se montre ingérable, ne tenant pas en place et refusant de faire le travail que lui demande la maîtresse. »

Non, mille fois non ! Cet enfant que j'ai reçu est certes intelligent, mais aucunement précoce : il n'en montre pas le fonctionnement si particulier. Par contre, il est certain qu'il n'est pas élevé, se roulant par terre dans mon cabinet, interrompant ses parents en permanence et moi de même.

Il est aujourd'hui connu, galvaudé et déformé qu'un surdoué a besoin de faire plusieurs choses en même temps. Il n'en découle pas que tous les enfants intenables, hyperactifs et montrant un trouble de l'attention s'avèrent être précoces !

D'autres encore m'affirment : « On me dit que je souffre d'une forme de schizophrénie, mais c'est impossible car je suis surdoué ! » Quel est le rapport ? Être surdoué empêche-t-il de se casser la jambe ?

Non, encore non : le surdouement n'est pas une protection contre diverses pathologies, et le surdoué peut effectivement vivre une dépression, avoir une personnalité état-limite, souffrir de phobie sociale, de problèmes scolaires, montrer un trouble de l'adaptation, de la communication, souffrir d'un manque d'estime de soi... sans que cela y soit obligatoirement lié, et sans que cela soit plus fréquent que chez tous.

Rien ne m'agace plus que ces personnes qui me disent être surdouées parce qu'elles ont des problèmes. L'ensemble de ces stéréotypes, faux dans leur première acception, m'insupporte car, donnant une mauvaise image des surdoués, il ne leur rend pas service et ne permet pas de les connaître pour ce qu'ils sont et ce qu'ils peuvent apporter aux autres et au monde.

Il nous faut sortir de cette idée préconçue que le surdoué va mal ou que les personnes qui vont mal sont susceptibles d'être surdouées.

Réfléchissant à la question, je me suis aperçue que ceux qui écrivent, chez nous, sur le sujet sont pour la plupart des thérapeutes, médecins ou psychologues, recevant des personnes qui, par définition de nos consultations, vont mal. On trouve ainsi des études soulignant le lien entre pathologie et surdouement, se voulant résolument tournées vers la population générale, alors que les personnes impliquées dans ces études sont issues de consultations psychiatriques : c'est la quadrature du cercle.

Dans les autres pays, y compris européens, les auteurs d'études sont certes des accompagnants, mais aussi et surtout des chercheurs, pédiatres, neuroscientifiques, etc., étudiant des surdoués issus d'écoles, d'universités, de tous milieux et de tous horizons.

On se rend compte, à la lecture de leurs travaux, que les surdoués vont bien, dans leur grande majorité, mieux même que leurs pairs non surdoués ; ils sont plus résilients, moins anxieux, plus matures et réfléchis, montrent de grandes capacités d'adaptation et d'empathie.

En faisant mienne cette réalité, je trouvais enfin ce dont je m'approchais depuis des années sans le formuler avec autant de force : j'ai toujours crié haut et fort que le surdouement n'est pas une pathologie et que ce n'est pas une fatalité d'aller mal. Les deux ne sont pas liés.

Adoptant cette conception de surdoués présentant une meilleure santé mentale que les autres, j'ai bien conscience que je m'éloigne du consensus français, mais cette réalité me parle d'évidence et correspond à ce que je constate quotidiennement.

C'est elle que je vais vous faire partager dans ce livre, au travers d'exemples dans lesquels vous vous reconnaîtrez, mais aussi, et surtout, au travers des recherches internationales les plus récentes qui, je l'espère, achèveront de vous convaincre du bien-fondé de mon propos.

Une seconde réalité, que j'exprimerais avec grandiloquence, est que les surdoués sont, et ont toujours été, les sauveurs du monde.

En effet, c'est vous qui le faites évoluer, qui le tirez vers le meilleur, permettant l'apparition de nouveaux concepts, tant scientifiques que philosophiques, économiques, sociologiques, etc. Vous passez ensuite le relais à leur environnement qui se charge alors de les mettre en place. C'est une vision simpliste, simplifiée mais vraie dans laquelle cette collaboration est bénéfique à tous.

Ce fonctionnement particulier qui est le vôtre vous permet d'être précurseur, de voir la bonne direction avant les autres, de percevoir les voies sans issues qui jalonnent le chemin et de les éviter, de faire des liens entre des sujets différents, de créer et concevoir de nouveaux concepts. Étant fondamentalement humaniste, vous savez tenir compte des autres et mettre en place des solutions humaines et efficaces.

Les pays nordiques et anglo-saxons ayant conscience que vous êtes les moteurs du développement harmonieux de l'humanité essaient de vous permettre d'exprimer vos potentialités.

L'essor du développement personnel a permis de sortir d'une phase de normalisation et avait pour but de nous aider à nous épanouir et à assumer notre personnalité. La conséquence en a été de mettre en avant nos différences, de telle sorte que, chez les enfants notamment, chaque particularité peut faire l'objet de la mise en place de stratégies personnelles et d'adaptations de la part des enseignants.

Les pays nordiques et anglo-saxons, eux, refusent ce qu'ils considèrent comme une stigmatisation et partent du principe qu'au-delà des difficultés chacun présente un potentiel, ou plusieurs, qu'il s'agit bien de valoriser.

La contrepartie, en France, de la valorisation des différences nous a conduit à oublier que nous vivons en communauté et que nous partageons un grand nombre de similarités avec nos congénères. Au point que nous nous trouvons pris dans un individualisme égoïste et égocentré. J'en veux pour illustration cette jeune femme que je recevais après qu'elle eut suivi un parcours d'affirmation de soi d'une quinzaine de séances en groupe : « Je ne comprends pas ce qui m'arrive, me dit-elle, maintenant je suis affirmée, je dis mon point de vue lorsque je suis dans une conversation ; je m'écoute et suis capable de refuser ce que je n'ai pas envie de faire. Tout cela comme on me l'a appris dans mes séances, mais je perds tous mes amis : ils ne veulent plus me fréquenter, disant que je suis devenue une mouche du coche égoïste ! »

Elle a simplement oublié qu'il est, en plus de tenir compte de soi, important de tenir compte des autres, de leurs besoins et de leurs personnalités.

Oublier ce qui fait de nous des humains, nos points communs, conduit à rassembler les personnes selon leurs différences en ne leur apprenant pas à vivre ensemble. C'est préférer le mur au pont, s'isoler et se ghettoïser.

Ce n'est pas la voie de l'épanouissement.

Ceux qui me connaissent savent que je n'impose rien, car je suis là pour vous accompagner sur un chemin qui est le vôtre ; aussi je peux vous donner des pistes de réflexion, pas des directives, et ce sera à vous de trouver comment les mettre en œuvre dans votre vie.

En effet, s'il y a une unité de fonctionnement des personnes surdouées, il y a également une diversité, liée aux valeurs qui sont les vôtres, et chacun est ainsi différent de l'autre, comme de lui-même à un autre moment de sa vie.

Plus encore, il y a, contrairement à ce que nombre de surdoués – et on y reviendra, car ceux-là ne vont pas forcément bien – prétendent, de nombreuses similarités entre tous, surdoués et non, car nous sommes humains avant d'être surdoués, comme nous sommes parents avant d'être parents d'un enfant précoce.

Cette appartenance, trop souvent oubliée, est fondamentale si vous voulez aller bien.

Il est dès lors important de prendre conscience de ce qui vous unit à vos congénères, ce qui vous rend semblable, car au-delà des différences, c'est, je crois, cette unité qui nous permet de vivre sereinement et harmonieusement.

Ce qui ne veut pas dire vous oublier en route. En effet, être surdoué revêt une réalité neuropsychologique que vous ne sauriez modifier et dont vous avez à tenir compte.

Surdoués, précoces, à haut potentiel, zèbres… tous ces mots recouvrent la même réalité – ou le devraient.

Depuis l'origine de la notion de surdouement, il y a

une centaine d'années, le concept a évolué, s'est affiné, transformé. On ne parlait alors que d'une plus grande intelligence que la moyenne, on la couple aujourd'hui à un fonctionnement spécifique.

Ces spécificités ne sont pas problématiques en tant que telles. Elles peuvent le devenir par méconnaissance de soi et des autres, par induction et mimétismes sociaux.

Il est certain que le surdouement recouvre une réalité bien précise, scientifiquement admise à l'heure actuelle : elle va de pair avec un fonctionnement particulier. Ainsi montrer une plus grande intelligence ne veut pas dire obligatoirement être surdoué : être surdoué, c'est montrer une plus grande intelligence dans ce fonctionnement spécifique.

Pourquoi est-il important de faire la distinction entre des personnes plus intelligentes et des surdoués ? Pour que ces derniers puissent savoir qui ils sont vraiment et qu'ils n'essayent pas de se transformer en ce qu'ils ne sont pas, en voulant calquer leur fonctionnement sur celui de ces personnes simplement plus intelligentes.

Le travail thérapeutique que l'on est amené à faire avec vous se doit de respecter votre personnalité et vos manières d'être. Il ne doit pas, comme le font certains collègues, vous amener par un « rééquilibrage neuronal » à fonctionner à l'envers de vous, voulant vous transformer en quelqu'un que vous n'êtes pas. C'est ainsi que l'on peut voir, sur Internet notamment, des témoignages de surdoués qui vont mal, alors même qu'ils ont été suivis pendant des années par des spécialistes du surdouement.

C'est pour moi une évidence : pour que vous alliez bien, il faut que votre personnalité propre puisse s'épanouir, par la connaissance de vous-même, des autres et du monde dans lequel vous vivez, sans qu'elle soit aliénée par le mimétisme social.

Mon propos dans ce livre est donc triple :

- Vous expliquer qui vous êtes, mettre votre fonctionnement en mots afin que vous puissiez l'apprivoiser et vous l'approprier en faisant bien la distinction entre une plus grande intelligence et le surdouement.
- Vous montrer et vous démontrer, recherches scientifiques à l'appui, que vous allez bien, mieux même que vos congénères.
- Vous exposer pourquoi vous pouvez et devez exprimer votre personnalité, en l'acceptant et en l'assumant pour votre bien-être propre et le bien de tous.

Vous, c'est-à-dire en l'occurrence toutes les personnes concernées de près ou de loin par la question du surdouement :

- En premier lieu, surdoués, à haut potentiel et précoces, adultes et enfants, célibataires et couples, familles, managers et collaborateurs…
- Mais aussi leurs familles, conjoints, parents et grands-parents, enfants, amis et relations, collègues et managers.
- Accompagnants, médecins et collègues, étudiants ou en activité.

Ce livre a pour but de vous donner les clefs de votre fonctionnement, à vous qui êtes différent, mais aussi à votre entourage.

Recevant quotidiennement des surdoués, identifiés ou qui l'ignorent, c'est mon expérience que je vais partager avec vous tout au long de ce livre : expérience de qui sont ces personnes particulières, ce qu'est leur quotidien, comment elles peuvent vivre de manière compliquée des situations qui paraissent simples. Donc ce que je vois, ce que je constate, ce que vous me dites dans mon cabinet. Et non ce que l'on peut lire dans les livres, sur les forums et dans les blogs.

Ces rencontres avec vous me permettent de vous exposer à la fois, bien sûr, les connaissances issues de recherches scientifiques actuelles menées dans différents pays, mais aussi, et c'est ce qui me semble le plus intéressant à diffuser, ce pour lequel il n'y a pas (je n'en ai pas trouvé) d'études sur la question : votre vie quotidienne, vos états d'âme, vos tourments, vos questions et questionnements et, plus encore, les outils, solutions, stratégies et stratagèmes que le fait de vous côtoyer en si grand nombre m'a permis d'élaborer, afin que vous (pluriel, à savoir l'humanité) puissiez vivre en bonne intelligence.

Merci à tous d'être qui vous êtes.

1
Surdoué ou très intelligent ?

Je reçois régulièrement des gens qui se demandent s'ils sont surdoués. Ils se sont, me disent-ils, reconnus dans les caractéristiques qu'ils ont pu lire, sur Internet ou dans des livres.

Je les interroge alors pour savoir ce sur quoi ils se sont reconnus.

J'ai procédé de même lors de la dernière formation que j'ai donnée auprès de futurs thérapeutes qui voulaient acquérir des compétences en matière de surdouement.

Voici leurs réponses :

- Un surdoué est quelqu'un d'hypersensible.
- C'est quelqu'un qui a des problèmes de communication, qui remet tout à demain, qui procrastine donc, qui ne termine jamais ce qu'il entreprend, qui ne sait pas se concentrer et qui est dispersé.
- Quelqu'un qui a des problèmes sociaux, voire est asocial.
- Il a su lire avant les autres, parfois tout seul. Il est le bouc émissaire dans la cour de récré et, si ce n'est pas le cas, il n'a pas d'amis, trouvant les autres inintéressants, ou « bébêtes ».

- Ils sont créatifs et ont de l'imagination.
- On dit qu'ils ont de la mémoire, mais, souvent, ce n'est pas le cas.
- Ils ne savent pas parler de la pluie et du beau temps, s'ennuient en société, n'aiment pas la compagnie des autres.

On ne trouve dans ces énumérations que peu, ou pas de référence à l'intelligence – à la quantité d'intelligence, je veux dire. Les caractéristiques sur lesquelles les gens se reconnaissent sont plutôt négatives et portent plus sur un fonctionnement intrinsèque, une qualité d'intelligence, qu'une quantité.

Et cela amène directement à préciser ce dont nous parlons.

Surdoué, précoce ou HP ?

Surdoué est peut-être le mot le plus couramment utilisé ; il sous-entend des personnes douées pour tout, plus douées que les autres.

Aucune des personnes que je reçois ne se sent à l'aise avec cette notion. Au contraire, elles ne se sentent pas particulièrement douées et trouvent prétentieux de se clamer surdoué.

Le concept du « zèbre » a été inventé pour signifier que les surdoués ne sont ni cheval, ni âne. Cette notion ne parle pas non plus aux personnes que je reçois, et ne me parle pas non plus. En effet, nous sommes tous des êtres humains, et ce terme de zèbre a un effet stigmatisant. Étant classé « ailleurs » que dans la gent humaine, comment un zèbre peut-il dès lors s'y épanouir ? C'est faire acte de déni de sa propre personnalité et de sa propre spécificité. Cela conduit également à ne pas pouvoir aller bien, puisque obligeant à s'exclure de l'humanité.

C'est enfin, puisque s'excluant de l'humanité, en nier les points communs ; c'est l'impossibilité de pouvoir la comprendre ou de s'en faire comprendre ; c'est donc se ghettoïser volontairement.

Je n'ai, comme je le disais, que peu reçu ce type de personnes. Je me souviens d'Élise, 27 ans, dans le déni de qui elle était, mettant tout en doute, à la fois ses propres compétences et les miennes. Elle ne pouvait commencer une phrase sans « Oui, mais c'est vous qui le dites, mais les autres disent autre chose », « Oui, mais je ne suis pas d'accord », ou « Oui, mais comment le savez-vous »... Elle mettait en doute la possibilité même d'être un zèbre, tout en la recherchant. Elle faisait partie de groupes de zèbres qui, lorsqu'ils se rencontraient, se présentaient en disant : « Bonjour, je m'appelle XX et j'ai YYY de QI. »

Haut potentiel (HP) ou haut potentiel intellectuel (HPI) sont les termes retenus par nos amis belges. Ils correspondent à l'idée d'un potentiel qui n'est pas forcément exprimé, et reflète donc une idée de frustration liée à des compétences inemployées. Il ne stigmatise pas les gens qui acceptent assez facilement cette étiquette.

Enfant intellectuellement précoce (EIP) est la terminologie retenue par l'Éducation nationale française. Elle prend en compte le fait que l'enfant exprime des compétences avant sa tranche d'âge. Par contre, une fois que tous expriment cette compétence, il ne devrait plus y avoir de différences – si vous savez marcher à 10 mois, à 3 ans, une fois que tout le monde sait marcher depuis longtemps, on n'observe plus aucune différence, et on ne peut pas savoir qui avait acquis la marche précocement – ce qui n'est pas le cas.

Neuro-droitier est un mot que j'ai adapté de l'anglais *right-brained*, qui reprend cette idée que le fonctionnement intuitif particulier aux surdoués est lié à une préférence hémisphérique du fonctionnement cérébral : l'hémisphère droit. C'est un concept qui pose un certain nombre de questions scientifiques, mais qui correspond à une réalité psychologique. Il a pour avantage de ne pas faire mention d'une plus grande intelligence, ce qui correspond assez bien au ressenti des personnes que je reçois, simples et humbles.

Gifted traduit l'idée de dons, *overgifted* de surdon, quant à *talented* et *multitalented*, c'est l'idée de talents et de talents multiples, retenue par les Américains et les Canadiens, avec le devoir de tirer parti des dons et talents de chacun d'entre nous.

Scientifiquement parlant, c'est probablement la meilleure définition. Elle reprend l'idée d'intégration sociale : si vous êtes talentueux, ou doué, cela implique, de manière sous-jacente, que votre don ou votre talent est visible et donc exprimé.

Culturellement parlant, c'est une idée qui choque un peu les Français, égalitaires que nous sommes : il nous est difficile de concevoir que « certains soient meilleurs que d'autres », et ce n'est pas une option éducative.

Les pays anglo-saxons ont l'idée que chacun présente des talents différents qu'il appartient au système éducatif de mettre en évidence puis de développer. Dans ce contexte, la notion de personne douée ou talentueuse s'y inscrit parfaitement.

Ce n'est pas une notion culturellement européenne, et l'on aurait tendance à plus facilement accepter, je crois, l'idée de talents multiples.

Ainsi, aucune de ces terminologies ne reflète la réalité de qui sont les surdoués et de ce qu'est leur vie, de ce que sont leurs questionnements, leurs préoccupations, leurs interactions sociales, leurs difficultés, leurs réussites, leur place dans le monde.

Je dirai donc que le terme de « surdoué » est celui qui correspond le plus à la réalité scientifique (des personnes plus douées dans un ou plusieurs domaines), mais à laquelle les personnes elles-mêmes ne s'identifient pas ; le terme de « haut potentiel » est celui que les personnes préfèrent utiliser, qui correspond plus à ce qu'ils ressentent, mais moins à la réalité scientifique.

Je n'utilise cependant pas le terme d'« intellectuel » (ni pour les enfants précoces, ni pour les adultes à haut potentiel), auquel je n'adhère pas. En effet, s'il correspond à un fonctionnement intellectuel spécifique, il génère automatiquement l'idée d'intellectuel et d'expression des potentialités dans un domaine exclusivement intellectuel, ce qui n'est pas le reflet de la réalité.

Que dire de ces personnes, surdouées ou à haut potentiel, qui font partie de l'équipe olympique de basket, de l'équipe de France d'équitation, de l'équipe régionale de handball, qui sont couturiers, danseurs, musiciens, chefs dans la gastronomie, paysagistes, commerçants…

Cette notion d'intellectuel correspondrait plutôt à l'idée de haut quotient intellectuel, qui n'est pas ce que l'on entend aujourd'hui par surdoué.

Qu'est-ce qu'un surdoué ?

Le premier point, peut-être le plus fondamental, est qu'être surdoué n'est pas une pathologie, et vous ne trouverez donc pas le concept du surdouement répertorié dans quelque manuel des critères diagnostiques des pathologies mentales[1] que ce soit.

Ainsi, le premier critère est donc d'être en bonne santé mentale. Cela peut paraître évident, mais n'est que rarement pris en compte dans l'identification, du moins en France et en Europe, alors que cette dimension fait partie intégrante du processus outre-Atlantique.

Cela veut dire que le bilan devrait se conclure par la nuance « va bien ou présente telle ou telle problématique ».

Comment identifie-t-on la notion de bien-être mental ? De manière simpliste et simplifiée, nos amis québécois utilisent la notion d'insertion ou d'intégration sociale, traduisant le fait que le surdoué, malgré ses différences, sait en tirer parti, sait s'inscrire dans le monde dont il a compris les tenants et aboutissants, les règles sociales et sait donc transformer son potentiel en réalité.

C'est fondamental, on ne peut en faire l'économie, et cela évite de nombreux quiproquos.

Viennent ensuite les points de fonctionnement intrinsèque et d'intelligence.

Dans l'acception actuelle du sourdouement, un surdoué doit présenter deux caractéristiques traduisant une intelligence différente :

- un quotient intellectuel (QI) de plus de 125 tel que mesuré au test de Weschler ;
- un fonctionnement intuitif.

---

1. On se reporte à deux manuels : le *DSM-V : Diagnosis and Statistical Manual of Mental Disorders (Manuel diagnostique et statistique des troubles mentaux)*, 5e éd., Washington, Association américaine de psychiatrie, 2013 ; et la *CIM-10 : Classification internationale des maladies*, 10e éd., Genève, OMS, 2009.

Il y a aujourd'hui consensus sur ces deux points, même si, d'un collègue à l'autre, la terminologie diffère.

Ce qui implique que l'on peut avoir un QI supérieur à 125 sans être surdoué et que l'on peut avoir un fonctionnement intuitif sans non plus l'être.

Il y a ainsi deux types de personnes présentant un QI supérieur à 125 : les personnes surdouées (QI > 125 et fonctionnement intuitif) et les personnes à haut QI (QI > 125).

Les deux présentent la même quantité d'intelligence, mais leurs fonctionnements sont différents.

C'est la quantité d'intelligence qui leur fait, à tous les deux, trouver le temps long à l'école.

C'est par contre le fonctionnement différent qui fait dire à un enfant surdoué qu'il ne peut pas écrire 6 « s.i.x » au collège parce que c'est trop simple.

L'un aura plutôt des résultats homogènes au test de QI, l'autre plutôt hétérogènes.

Certains parlent ainsi de HP complexes *vs* HP laminaires.

Les seconds n'ont besoin que d'accompagnement psychologique pour des problématiques précises alors que les premiers ont besoin de savoir qui ils sont, de comprendre qui sont les autres, ce qu'est le monde et son mode d'emploi pour décider, ou non, de s'y intégrer.

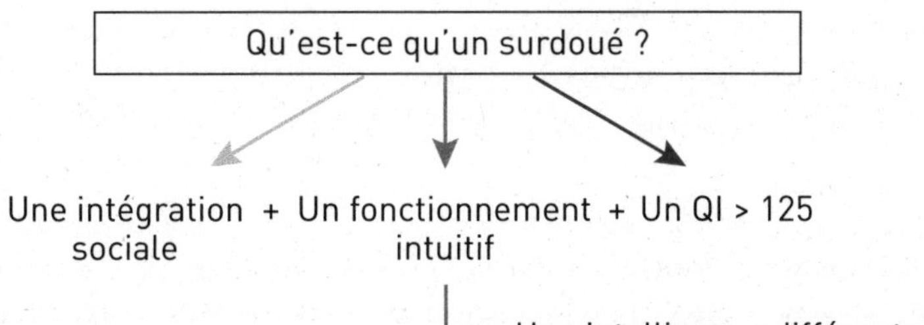

La conséquence immédiate est que si l'on ne présente que l'une de ces caractéristiques, l'on n'est pas surdoué :
- on peut être intuitif et pas surdoué ;
- on peut être plus intelligent et pas surdoué.

Cela implique qu'il existe deux types de population présentant la même « quantité d'intelligence », le même score au test de QI : l'une intuitive, l'autre non ; l'une surdouée, l'autre non ; l'une haut potentiel, l'autre non.

Le problème aujourd'hui, et j'y reviendrai, est que l'identification d'un surdoué repose quasi exclusivement sur le test de QI, qui ne propose pas de vocabulaire pour distinguer ces deux populations.

Le plus simple est ainsi d'utiliser deux mots différents, qui rendent compte de cette distinction : haut potentiel (HP) d'une part, haut quotient intellectuel d'autre part (HQI).

- HP = QI > 125 + Intuition
- HQI = QI > 125 – Intuition

Les « vrais » surdoués, que l'on reçoit en cabinet, qui présentent des problèmes d'adaptation, parfois, qui fonctionnent à contre-courant d'eux-mêmes, sont souvent les HP.

Les seconds sont plutôt bien adaptés socialement, connaissant les règles sociales et scolaires et sachant ce que l'on attend d'eux, et sont en accord avec eux-mêmes[1].

1. Bien évidemment, cela ne préjuge en rien de problématiques, telles que le stress, le manque d'estime et de confiance en soi, la dépression... qui ne seraient pas liées à un fonctionnement intrinsèque, et j'y reviendrai ultérieurement.

L'expression de leur potentiel ne réside pas uniquement dans des composants intrinsèques de leur fonctionnement, mais dans les interactions entre ces composants, leur environnement et leur personnalité[1].

1. R.J.R. Den Hartigh, M.W.G. Van Dijk, H.W. Steenbeek et P.L.C. Van Geert, « A Dynamic Network Model to Explain the Development of Excellent Human Performance. A Dynamic Network Model to Explain the Development of Excellent Human Performance. Frontiers », *Psychology*, 7, 2016, p. 532.

2

Un fonctionnement différent

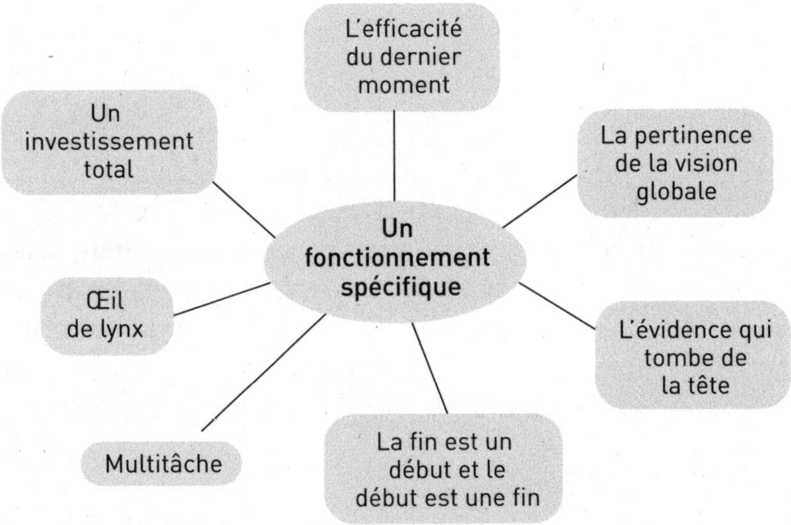
L'efficacité du dernier moment
Un investissement total
La pertinence de la vision globale
Un fonctionnement spécifique
Œil de lynx
L'évidence qui tombe de la tête
Multitâche
La fin est un début et le début est une fin

Les surdoués présentent ce fonctionnement si caractéristique que j'appelle le fonctionnement intuitif[1].

L'archétype, qui parle à tous, est Archimède : Archimède dispose d'un certain nombre d'éléments, de morceaux de puzzle, qui vont s'assembler, en bruit de fond, hors de sa conscience verbale, dans son non-conscient, pendant qu'il fait autre chose. Lorsque les éléments sont assemblés, que le raisonnement est mûr, arrive le fameux *eurêka* : le puzzle est complet et parvient à sa conscience.

Une fois que j'ai dit cela, tout est dit, car c'est de cela que vont découler les caractéristiques que l'on observe chez les surdoués :

- tout faire au dernier moment ;
- ne pas savoir justifier ou argumenter son raisonnement ;
- ne rien faire ;
- remettre à demain ;

---

1. H. Stumpf et W.D. Parker, « A Hierarchical Structural Analysis of Perfectionism and Its Relation to Other Personality Characteristics », *Personality and Individual Differences*, 28, 2000, p. 837-852.

- l'hypersensibilité et l'hyperesthésie ;
- avoir raison avant les autres.

Mon travail est meilleur et je suis plus efficace si je le fais au dernier moment

Une fois que votre cerveau dispose de tous les éléments, il a besoin de temps pour les assembler ; il faut lui laisser un temps de maturation afin qu'il les digère, permette au raisonnement de s'effectuer et produise son résultat.

Il est bien évident que, s'il n'y a aucune échéance, le cerveau n'a pas de raisons de compiler les informations à sa disposition. Tant qu'une motivation n'est pas présente pour démarrer le processus, tout se passe comme si le projet, le devoir, le raisonnement, n'avait pas lieu d'être.

La motivation la plus simple à trouver est donc l'échéance. Échéance que vous ne voulez pas dépasser.

Votre cerveau, qui sait le temps dont vous avez besoin pour effectuer votre travail, va en tenir compte et démarrera, juste au moment nécessaire : c'est alors le *eurêka* qui vous tombe de la tête et qui vous permet de vous mettre au travail.

On me dit souvent que ce n'est pas satisfaisant, car cela est toujours source de stress. Pourquoi ? Par peur de ne pas y arriver. Alors regardez derrière vous : y a-t-il des occasions où vous n'avez pas fait en temps et en heure ce que vous deviez faire ? Rendre un travail, un dossier, un devoir scolaire ?

Non, n'est-ce pas ? Ou rarement (car comme tout un chacun vous êtes humain). À partir de ce moment, le stress disparaît et ne reste plus que la conscience d'un fonctionnement différent et efficace.

Si, par contre, vous n'arrivez pas à démarrer votre réflexion, ou si le délai s'allonge au-delà de ce que vous trouvez raisonnable, c'est qu'un autre paramètre entre en ligne de compte : le fait que vous ayez une vision globale de la situation.

Je suis pertinent grâce à ma vision globale

Damien m'expliquait qu'il devait présenter à son directeur les arguments pour un départ concerté, une rupture conventionnelle, avec un collaborateur. Celui-ci souhaite prendre sa retraite de manière anticipée afin de s'occuper de sa femme, gravement malade.

Damien mit deux mois avant de savoir comment justifier cette demande : « J'en ai eu pour cinq minutes, à faire le calcul, pour arriver à la conclusion que, entre ce que nous verserions, ce que nous économiserions et ce que nous débourserons pour embaucher quelqu'un, un débutant, à sa place, cela ne coûterait rien à l'entreprise. Cinq minutes… au bout de deux mois ! Vous êtes d'accord que c'est absurde ! »

Bien évidemment non.

Reprenons l'exemple d'Archimède, mais à l'envers cette fois. Pour que son *eurêka* tombe, il faut deux choses : disposer de tous les éléments nécessaires et du temps idoine à leur assemblage. Si donc rien ne se passe, c'est soit qu'il n'a pas à sa disposition tous les éléments, soit qu'ils n'ont pas assez mûri. En tout état de cause, tout se passe comme si votre cerveau vous disait qu'il fallait surtout ne rien faire d'autre qu'attendre, car tout se fait en bruit de fond.

Plus encore, si vous essayiez de produire un résultat avant d'être prêt, il sera mauvais ou contre-productif et ratera son objectif.

Posez-vous ainsi la question à l'envers : au lieu de vous traiter de tous les noms d'oiseau, car vous n'avancez pas, demandez-vous ce qui vous manque pour aboutir.

Et surtout ajoutez une composante à votre problématique, celle de l'environnement : que se serait-il passé si vous aviez rendu votre travail plus tôt ?

À tous les coups l'on me répond, après réflexion, que c'était effectivement impossible pour telle ou telle raison.

Dans le cas de Damien, la raison était liée à l'environnement : son directeur, submergé, n'aurait pas eu l'écoute nécessaire et aurait refusé le départ négocié. Damien a donc eu raison d'attendre.

Il importe donc chaque fois de prendre en considération votre environnement, tant humain que contextuel, dans la prise de décision, particulièrement lorsque vous avez besoin d'expliciter votre raisonnement.

De la justification de l'évidence

Par essence le raisonnement intuitif est… intuitif, et donc non conscient.

Cela veut dire que vous voyez, comme avec un grand-angle d'appareil photo, tout ce qui se trouve devant vous. La parole étant séquentielle, vous ne pouvez dire en même temps chaque objet que vous voyez : vous n'en avez pas non plus la conscience verbale (la conscience verbale serait cette voix qui monologue à l'intérieur de votre tête). C'est ce qui provoque le « je ne sais pas » lorsqu'on vous demande comment vous savez les choses.

Vous le savez, point. C'est évident pour vous.

Par contre, les éléments dont vous vous êtes servi pour élaborer votre raisonnement, puisqu'il a abouti à une conclusion, sont bien présents dans votre esprit et vous pouvez, si besoin, aller les y rechercher.

L'autre façon de produire un raisonnement serait de balayer les objets disposés devant vous, l'un après l'autre. Vous savez ainsi exactement ce que vous avez vu et savez donc comment vous avez abouti à votre conclusion.

C'est ce qui se passe pour la majeure partie de la population qui effectue ce type de traitement séquentiel des informations.

Dans les deux cas, ce sont bien les mêmes indices qui conduisent aux mêmes résultats : le cheminement est différent et le temps pris dans le premier cas est plus court.

Puisqu'il faut moins de temps au raisonnement intuitif pour produire son résultat, les personnes raisonnant de manière plus séquentielle arriveront à la même conclusion, après un laps de temps plus ou moins long.

Il résulte de ce dernier point que lorsqu'un surdoué avance une idée, celle-ci est souvent incomprise, voire non écoutée. Et ce, quel que soit le domaine : professionnel, personnel, scolaire, etc.

Une difficulté peut se produire dès lors que les différents interlocuteurs ne connaissent pas leur fonctionnement respectif, ne se font pas confiance, ne savent pas générer de la confiance…

Il est bien entendu que, les surdoués étant en moins grand nombre dans la population, c'est à eux de s'adapter[1] à leur auditoire.

Voilà pourquoi je leur suggère toujours d'ajouter un paramètre à leur équation : celui de la personnalité de leur interlocuteur. De la même façon que vous adaptez votre discours selon que vous parlez à un enfant, un

1. Je reparlerai de l'adaptation, car il ne s'agit pas de transformer sa personnalité en une autre (s'adapter en se changeant), mais d'adapter son propos en fonction du contexte.

adulte, un collègue ou une relation, adaptez-le en fonction de l'objectif que vous vous fixez. Si vous avez un dossier à présenter et que votre chef est plutôt sensible à des arguments pécuniaires, utilisez un discours du genre : « J'entretiens une veille stratégique avec des amis américains et si nous faisons comme eux, cela nous fera économiser beaucoup d'argent. »

Le fonctionnement intuitif est d'abord la production d'un résultat par ce traitement particulier des informations.

Il est également à l'œuvre pour la mémorisation des connaissances et leur récupération, qui fait dire aux surdoués : « Je ne sais pas ce que je sais, je ne sais pas comment je le sais, je ne sais pas comment je peux répondre. »

C'est également le domaine de l'apprentissage intuitif qui ne permet pas de savoir comment vous procédez ni ne vous donne la certitude que vous y parviendrez, puisque les étapes vous sont non-conscientes.

La seule manière de prendre confiance dans ces mécanismes est de vous focaliser, non pas sur le cheminement que vous empruntez, mais sur les résultats que vous obtenez : puisque cela fonctionne à chaque fois, vous pouvez thésauriser votre expérience et prendre confiance sur la base de vos réussites. Il s'agit encore une fois de bel et bien commencer par la fin.

Quand la fin est le début et le début la fin

Le surdoué commence par le résultat : il ne peut en être autrement puisqu'il s'agit de son fonctionnement.

Ainsi, si je prends l'exemple du raisonnement mathématique, qui est un exemple parlant du processus, le surdoué commencerait par lire son énoncé, resterait quelques instants à bayer aux corneilles, puis donnerait le résultat, faisant ainsi son « petit Archimède ».

Prenons l'exemple suivant dans lequel il s'agit de résoudre une équation.

Notre surdoué, s'il n'a pas « désappris » sa façon de faire, procédera comme suit.

En premier lieu, il laisse passer un peu de temps après avoir pris connaissance de son énoncé, puis il écrit directement le résultat :

$$\frac{2x+1}{x+3} = -5x+2 \leftrightarrow x^2+3x-1=0$$

Que demande un enseignant, que fait un scolaire ? Il commence par détailler l'égalité, jusqu'à obtenir le résultat : il raisonne de manière linéaire, une égalité appelant la suivante, jusqu'à aboutir à la conclusion, et ce n'est qu'à l'avant-dernière ligne que le résultat se précise :

$$\begin{aligned}\frac{2x+1}{x+3} = -5x+2 &\Leftrightarrow 2x+1=(x+3)(-5x+2)\\ &\Leftrightarrow 2x+1-(x+3)(-5x+2)=0\\ &\Leftrightarrow 2x+1-(5x^2-13x+6)=0\\ &\Leftrightarrow 5x^2+15x-5=0\\ &\Leftrightarrow 5(x^2+3x-1)=0\\ &\Leftrightarrow x^2+3x-1=0\end{aligned}$$

Comme je le disais précédemment, c'est là que commencent les difficultés. Car pour le surdoué, la solution est évidente et ne nécessite aucune justification, alors que pour les autres, cette même évidence est obscure jusqu'au dernier moment.

S'adapter aux autres revient alors à leur donner ce qu'ils demandent, mais à votre façon. Sur l'exemple des mathématiques, cela revient à écrire directement le résultat comme vous le feriez spontanément, mais en sautant quelques lignes :

$$\frac{2x+1}{x+3} = -5x+2$$

①

$$\Leftrightarrow x^2 + 3x - 1 = 0$$

Puis, comme vous savez ce qu'est le langage mathématique pour l'avoir pratiqué, vous remontez et détaillez les étapes du raisonnement attendu en redescendant :

$$\frac{2x+1}{x+3} = -5x+2 \Leftrightarrow 2x+1 = (x+3)(-5x+2)$$

$$\Leftrightarrow 2x+1-(x+3)(-5x+2) = 0$$

$$\Leftrightarrow 2x+1-(5x^2-13x+6) = 0$$

③ ②

$$\Leftrightarrow 5x^2+15x-5 = 0$$

$$\Leftrightarrow 5(x^2+3x-1) = 0$$

$$\Leftrightarrow x^2+3x-1 = 0$$

Vous avez ainsi, à votre façon, fait ce qui était attendu de vous.

Cela n'a été possible que parce que vous avez su faire autre chose pour permettre à ce raisonnement de se mettre en place.

Vous le trouverez à l'œuvre dans tous les compartiments de votre vie, tant professionnelle qu'affective.

Pour un projet l'on vous dira qu'il faut commencer par faire un plan de financement, un plan marketing, un plan de communication, un plan stratégique, etc. De manière réductrice, il vous suffit de trouver un local et des clients (le résultat) et s'en suivront les étapes nécessaires au fonctionnement de votre entreprise (démarches légales, plans de développement, etc.). Rien ne dit qu'il faut commencer par le début, ni qu'il ne faut faire qu'une chose à la fois. Vous pouvez vous occuper de toutes les formalités requises pour votre projet et en parallèle débuter l'activité.

Coralie est coach sportif. Après avoir été sportive de haut niveau, elle a souhaité ouvrir son propre studio. Comme elle le dit elle-même, elle y pensait et ne faisait rien de concret, jusqu'au jour où, en se promenant avec son mari, elle est tombée en arrêt devant une salle à louer à côté de chez elle. Elle a loué le local, et cela a été le début d'une aventure réussie qui se poursuit des années plus tard.

De nombreuses personnes que je reçois sont « engluées » dans l'écriture d'un livre. À ma question : « Avez-vous un éditeur ? », la réponse est invariablement : « Non, car je n'ai pas terminé l'écriture. » Commencez par signer votre contrat et, de par la double motivation, que votre projet ait été accepté et d'avoir une échéance de remise de manuscrit, vous serez capable d'en achever l'écriture.

Pour être efficace je dois faire plusieurs choses en même temps

Tout se passe en somme comme si, de prendre en considération tous les éléments à votre disposition, vous effectuiez un traitement parallèle des informations qui vous parviennent. Cela revient également à faire plusieurs choses en même temps et vous êtes capable de traiter de nombreuses informations, idées et possibilités dans le même temps[1].

On sait, par exemple, qu'écouter de la musique augmente l'efficacité cérébrale[2].

C'est pourquoi je conseille à tous les parents d'enfants précoces de mettre de la musique (douce, pas une musique trop forte ou trop entraînante) pendant qu'ils font leurs devoirs : leur efficacité et leur concentration n'en sont que meilleures.

De même, lorsque vous avez besoin de vous concentrer, écoutez une musique que vous aimez, qui vous détend et vous procure une meilleure réflexion.

À l'inverse, lorsque vous avez besoin de focaliser votre attention sur un sujet précis, écoutez quelque chose que vous n'aimez pas, une émission de radio sur un sujet et un ton qui ne vous intéressent pas, cela vous obligera à « rentrer dans vos pensées », à canaliser votre flux créatif.

Le grand violoniste Yehudi Menuhin demandait ainsi à ses élèves de lire un livre, pas juste quelques lignes, mais d'être capables d'en produire un résumé, pendant qu'ils jouaient du violon. On parle ici d'élèves professionnels qui répètent leur prochain concert, mais cette demande montre bien qu'il est notoire que faire plusieurs choses en même temps s'avère d'une redoutable efficacité. Sans l'avoir

1. M. Mrazik et S.C. Dombrowski, « Neurobiology, Prenatal Development and Prodigiousness : The Neurobiological Foundations of Giftedness », *Roeper Review*, 32, 2010, p. 224-234.

2. F.H. Rauscher, G.L. Shaw et K.N. Ky, « Listening to Mozart Enhances Spatial-Temporal Reasoning : Towards a Neurophysiological Basis », *Neuroscience Letters*, 185, 1995, p. 44-47.

côtoyé, je suppose que le maître voulait par là permettre à la personnalité de ses élèves de se manifester, en dehors du stress et de façon non consciente, donc d'avoir un jeu plus spontané et expressif.

Combien d'enfants sont accusés d'inattention, voire de troubles de l'attention, alors qu'ils regardent par la fenêtre, crayonnent ou sont dans leurs pensées pendant que le professeur dispense sa leçon ? Demandez-leur de rester sans bouger sur leur chaise, les yeux rivés sur le tableau noir, et leur attention diminuera au point qu'ils ne sauront plus de quoi parlait leur enseignant. À l'inverse, faire autre chose est bel et bien ce qui leur permet de se concentrer. Alison, 13 ans, en sortie de SVT discute avec une copine. Le professeur, irrité devant ce qu'il prend pour un manque caractérisé de respect et d'écoute, le lui fait remarquer. Et Alison de lui répéter mot pour mot ce qu'il venait d'expliquer.

L'enfant surdoué montre souvent des signes qui sont interprétés comme ceux d'un manque d'attention : bayer aux corneilles pendant qu'il écoute la leçon, besoin de bouger pour mobiliser son attention, attention diffuse…

La différence entre un enfant surdoué et un enfant non surdoué réside dans le résultat : pour l'un, il s'agit d'une efficacité particulière et, si vous lui demandez de ne plus faire qu'une seule activité, il aura beaucoup plus de mal à se concentrer, c'est-à-dire à donner le résultat escompté dans la situation concernée. Pour le second, il s'agit bel et bien d'un manque d'attention.

Je me souviens de Carole, professeur des écoles, bien au fait de ce phénomène : « Entre Luca et Lucie, qui tous les deux regardent par la fenêtre, l'un ne perdra jamais le fil de ce qu'il a entrepris quand la seconde ne sait plus ce qu'elle a à faire. Ce ne sont pas les mêmes. »

Ces manifestations se rapprochent du TDAH (trouble de l'attention avec ou sans hyperactivité) et font dire à certains que tous les surdoués présentent ce trouble neurologique : les attitudes des surdoués peuvent mimer celles des enfants présentant un trouble de l'attention avec hyperactivité, sans en montrer les fondements neurologiques.

Le surdouement est associé à une capacité mnésique verbale importante, alors que dans le TDAH on trouve un déficit de la mémoire verbale stratégique[1]. Le QI des enfants présentant un TDAH est de 9 points plus faible que celui d'enfants ne présentant pas ce trouble ; il est de 2 points inférieur chez les adultes[2].

Ce qui peut prêter à confusion est le désinvestissement d'un surdoué dans une tâche qui ne l'intéresse pas. Par contre, et contrairement à un enfant présentant un TDAH, il sera capable de mobiliser son énergie et son attention de manière excessivement longue si l'activité l'intéresse[3].

Les résultats d'une méta-analyse montrent ainsi que le surdouement n'est que rarement corrélé au TDAH[4].

---

1. A. M. Whitaker, T. S. Bell, B. M. Houskamp et E. T. O'Callaghan, « A Neurodevelopmental Approach to Understanding Memory Processes among Intellectually Gifted Youth with Attention-Deficit Hyperactivity Disorder », *Applied Neuropsychology : Child*, 4(1), 2015, p. 31-40.

2. T. Frazier, H. A. Demaree et E. A. Youngstrom, « Meta-Analysis of Intellectual and Neuropsychological Test Performance in Attention-Deficit/Hyperactivity Disorder », *Neuropsychology*, 18 (3), 2004, p. 545-555.

3. J. T. Webb, E. R. Amend, N. E. Webb, J. Goerss, P. Beljan et F. R. Olenchak, « Misdiagnosis and Dual Diagnosis of Gifted Children and Adults », in *ADHD, Bipolar, OCD, Asperger's, Depression, and Other Disorders*, Scottsdale, Great Potential Press, 2005.

4. N. Rommelse, M. Van der Kruijs, J. Damhuis, I. Hoek, S. Smeets, K. M. Antshel, L. Hoogeveen et S. V. Faraone, « An

Faire autre chose est également ce qui vous permet, ce qui permet à votre cerveau, en bruit de fond, en non conscient, de faire aboutir votre raisonnement. Vous savez bien que vous avez beau essayer de ne vous occuper que du projet qui vous préoccupe, vous ne serez capable de le finaliser qu'à condition de l'avoir laissé de côté pour préparer le dîner, faire une promenade, construire une niche pour le chien, dormir... À ce moment, et à ce moment seulement, obtiendrez-vous le trait de lumière, la direction, le sens qui vous manquait.

Plusieurs choses en même temps ne veut pas forcément dire exactement dans le même temps : je ne parle pas de regarder la télévision en écoutant la radio, en surfant sur Internet, en lisant un livre, etc.

Il s'agit surtout d'avoir plusieurs lignes de réflexion en parallèle : vous passez ainsi de l'une à l'autre pour laisser la première mûrir pendant que vous réfléchissez à la deuxième, et inversement.

Que se passe-t-il d'ailleurs lorsque vous semblez manquer de concentration ? Observez ce que vous faites.

Vous levez le nez de votre dossier, votre enfant le sien du cours qu'il apprend ou de l'exercice qu'il fait... quand, et seulement quand, vous êtes bloqué dans votre avancement : vous ne savez plus ce que vous devez faire et vous stagnez.

Ainsi, aller « faire un tour » permet à votre cerveau de faire son « petit Archimède », de réfléchir, en bruit de fond, au problème que vous avez rencontré pour vous en donner la solution quelque temps plus tard.

Cela s'appelle le « lâcher prise » ou l'attention diffuse ;

Evidenced-Based Perspective on the Validity of Attention-Deficit/ Hyperactivity Disorder in the Context of High Intelligence », *Neuroscience and Biobehavioral Reviews*, 71, 2016 p. 21-47.

elle permet[1] une plus grande créativité, et donc une meilleure résolution de problème.

Roland, créateur dans une agence de communication, connaît bien la question. Chaque fois qu'il a besoin d'imaginer la solution créative pour ses clients, il part se promener. Il n'y a qu'ainsi qu'il trouve les idées adéquates.

Ou encore Marie, journaliste, qui emplit sa corbeille à papiers d'ébauches d'articles, tous plus mauvais les uns que les autres, jusqu'à ce qu'elle se décide à aller faire son ménage, ce qui lui permet, enfin, de savoir ce qu'elle va écrire.

Les exemples sont légion, et il faut faire confiance à votre cerveau qui « sait » ce qui est bon pour vous.

Roxane est étudiante en médecine et a toujours pratiqué la gymnastique, plusieurs heures par semaine. Allant trouver le doyen de la faculté, elle sollicite sa bienveillance pour ne plus assister aux cours, mais seulement aux évaluations, afin de porter sa discipline sportive à son plus haut niveau, ce qu'il lui accorde volontiers, fier et impressionné des capacités de la jeune femme.

Assumer son fonctionnement est ainsi la meilleure clef de réussite et d'accomplissement personnel.

À l'inverse, si vous essayez de ne focaliser votre attention que sur un point et de l'y maintenir, vous risquez de voir apparaître des problématiques.

Corentin vient me voir pour des problèmes de trichotilomanie[2]. En reprenant la genèse de son trouble, on s'est aperçu qu'il avait commencé lorsque, enfant, on lui demandait de rester assis tranquillement à table pour

1. H. Takeushi, Y. Taki., H. Hashizume, Y. Sassa, T. Nagase, R. Nouchi et R. Kawashima, « Failing to Deactivate : The Association between Brain Activity during a Working Memory Task and Creativity », *NeuroImage*, 55, 2011, p. 681-687.

2. Trouble psychologique par lequel le patient s'arrache régulièrement les cheveux.

profiter de son repas. La seule chose qu'il avait alors trouvée à faire, acceptable pour les autres et lui permettant d'investir plusieurs domaines en même temps, fut de s'arracher les cheveux. Plusieurs années après, le trouble était devenu envahissant.

Mêmes causes, mêmes effets pour Jordan, devant également rester à table et qui a développé un TOC[1] de rangement des ustensiles de table.

Aurélie, étudiante en médecine, a développé, elle, une phobie au bruit. Dans l'amphi pendant les cours, son attention est exclusivement attirée par le « tic tic tic » des claviers d'ordinateur sur lesquels chaque étudiant enregistre son cours. Ce qui ne l'empêche aucunement de retenir ce que dit l'enseignant.

Pour ces trois jeunes, sachant que ces problèmes correspondaient à une manière particulière de fonctionner, à leurs fonctionnements propres, ils ont pu mettre en place d'autres parades, ce qui a permis à leur TIC, TOC et phobie de disparaître dès qu'ils en eurent compris les tenants et aboutissants.

Œil de lynx, je suis hypersensible et hyperesthésique

Puisqu'il prend en considération les mêmes éléments, mais tous en même temps, le raisonnement intuitif doit fonctionner comme le grand-angle de l'appareil photo, avoir une vision périphérique fine : les sens se doivent d'être plus aiguisés et plus sensibles[2]. C'est ce que l'on

1. Trouble obsessionnel compulsif.

2. D.R. Gere, S.C. Capps, D.W. Mitchell et E. Grubbs, « Sensory Sensitivities of Gifted Children », *American Journal of Occupational Therapy*, 64, 2009, p. 288-295.

appelle l'hyperesthésie, c'est-à-dire des aptitudes sensori-perceptives très développées[1] : vos sens sont aiguisés et toujours en alerte. Des mécanismes sous-jacents particulièrement développés et une grande réceptivité vous procurent des perceptions (épidermiques, tactiles, gustatives, olfactives, auditives et visuelles) à fleur de peau. Cela vous rend plus sensible et vous procure cette intuition si particulière liée à une plus grande capacité de vos réseaux neuronaux associatifs[2].

Ainsi, vous êtes sensible aux odeurs que les autres ne remarquent pas ou qui ne les gênent pas. C'est également la sensibilité au bruit qui vous fatigue, voire vous empêche de vous concentrer. Thomas, en 6e, après une grippe hivernale, me racontait qu'il lui était impossible de reprendre le chemin du collège, car il ne pourrait pas supporter pendant une journée entière le brouhaha incessant d'une classe.

C'est également la sensibilité aux goûts qui vous confère un palais tellement fin que vous pouvez percevoir quasiment chaque ingrédient d'une recette.

Enfin, c'est la sensibilité à la fatigue et à la faim qui vous rendent irritable et colérique. Tania, en vacances à New York avec une amie, me racontait comment, au bout d'un moment, elle devenait muette, ne répondant plus aux sollicitations de son amie que par des onomatopées. Celle-ci savait qu'il était alors temps de s'arrêter faire une pause et grignoter un en-cas.

C'est d'ailleurs l'effet miracle de l'en-cas, parfois un

---

1. L. Vaivre-Douret, « Point de vue développemental sur l'enfant à "hautes potentialités" (surdoué) », *Journal de pédiatrie et de puériculture*, 17, 2004, p. 254-261.

2. L. Vaivre-Douret, « Approche développementale et neuropsychologique des enfants à "hautes potentalités" », *in* T. Lubbart, *Enfants exceptionnels. Précocité intellectuelle, haut potentiel et talent*, Paris, Bréal, 2005.

simple morceau de sucre, que décrivent tous les surdoués que je reçois : c'est comme si la voiture était en panne de carburant, et la moindre microscopique goutte d'énergie la fait repartir.

En quelques minutes, vous observerez votre enfant, vous-même, déborder à nouveau d'énergie.

D'un point de vue médical, cela peut conférer une fausse idée de « sensiblerie », car vous êtes notamment sensible au moindre degré de fièvre : une fébricule vous sera aussi gênante qu'une fièvre plus forte.

Le même principe s'applique, si j'élargis le propos, aux émotions : vous montrez une sensibilité importante, allant parfois jusqu'à l'hypersensibilité.

Hypersensibilité et hyperesthésie ne veulent en aucun cas dire problèmes émotionnels. Un problème résulterait d'un manque de gestion des émotions et des sensations.

Ce qui n'est pas le cas des surdoués. En effet, seuls 20 à 25 % d'entre eux présentent des difficultés d'ordre émotionnel et social[1].

De même que le surdoué montre une plus grande intelligence, il montre également une plus grande intelligence émotionnelle[2].

Celle-ci serait constituée[3] de quatre branches représentant chacune une catégorie de compétences spécifiques :

---

1. P.M. Janos et N.M. Robinson, « The Performance of Students in a Program of Radical Acceleration at the University Level », *Gifted Child Quarterly*, 29, 4, 1985, p. 175-179. Il s'agit d'une revue de la littérature portant sur plus de soixante ans.

2. S.M. Corso, *Emotional Intelligence in Adolescents : How it Relates to Giftedness*, mémoire de Master, 2001

3. J.D. Mayer, P. Salovey et D. Caruso, « Models of Emotional Intelligence », *in* R. J. Sternberg (dir.), *Handbook of Intelligence*, Cambridge/New York, Cambridge University Press, 2000, p. 396-420.

- la capacité à percevoir, à appréhender et à exprimer les émotions ;
- la capacité à générer et à utiliser des sentiments lorsque ceux-ci facilitent les activités cognitives ;
- la capacité à comprendre les informations de nature émotionnelle et à utiliser les connaissances se rapportant aux émotions ;
- et la capacité à réguler les émotions afin de promouvoir le développement émotionnel et intellectuel ainsi que le bien-être.

Cela implique que les personnes à haut potentiel s'avèrent, d'une part, plus aptes à mieux organiser et de manière plus complète les informations émotionnelles liées aux relations interpersonnelles ; d'autre part, ils décrivent les situations émotionnelles de manière plus riche et plus précise, impliquant notamment[1] la perception de sentiments en conflit que d'autres ne percevraient pas.

C'est donc un atout, qui vous procure une plus grande écoute de vos émotions, mais également de celles des autres, vous permettant d'en tenir compte.

Cette intensité affective vous conduit à vivre et à ressentir plus intensément les expériences que vous traversez. Étant ainsi plus stimulable, vous exprimez vos émotions, positives et négatives, plus fortement que la moyenne[2].

Sophie, maman d'un petit garçon de 8 ans, m'expliquait qu'aucun médecin ne voulait entendre que son

1. J.D. Mayer, D. Perkins, D.R. Caruso et P. Salovey, « Emotional Intelligence and Giftedness », *Roeper Review*, 23 (3), 2001, p. 131-137.

2. M.M. Piechowski, L.K. Silverman et R.F. Falk, « Comparison of Intellectually and Artistically Gifted on Five Dimensions of Mental Functioning », *Perceptual and Motor Skills*, 60, 1985, p. 539-549.

fils avait « quelque chose ». Tous lui renvoyaient l'image d'une mère « poule » inutilement angoissée. Finalement, après avoir consulté de nombreux médecins, il s'avéra qu'il avait en effet une pneumopathie à mycoplasme lui provoquant une fatigue inhabituelle.

Enfin, et contrairement à une idée reçue, les surdoués apparaissent comme significativement plus aptes à gérer leur stress[1].

Je suis entièrement à ce que je fais : l'engagement, l'envie, l'implication, la motivation et l'attention

La motivation est ce qui permet au raisonnement intuitif de se produire : Archimède sans l'envie, le désir et la motivation n'aurait pas été capable de produire son fameux effet *eurêka*.

L'échéance est la motivation la plus simple à trouver, couplée à l'envie de réussir l'activité entamée, puisque vous souhaitez terminer votre tâche en temps et en heure.

La motivation est centrale pour un surdoué, car elle est liée au désir de bien faire, de s'épanouir et de réaliser son potentiel[2]. C'est également cette capacité à mobiliser son attention sur une activité que vous avez choisie, vous mettant dans un état agréable et durable : le temps perd sa valeur tellement vous êtes absorbé par ce que vous faites[3].

Justine avait entrepris la rénovation de la maison qu'elle venait d'acquérir, elle ravalait la façade en pierre

1. S.M. Corso, *Emotional Intelligence in Adolescents*, *op. cit.*
2. T. Lubbart, *Enfants exceptionnels*, *op. cit.*
3. D.W. Rea, « Optimal Motivation for Talent Development », *Journal for the Education of the Gifted*, 23 (2), 2000, p. 187-216.

de taille. « J'ai commencé le matin et ne me suis arrêtée qu'à la nuit tombée, ne grignotant que rapidement le midi. Je ne sentais pas la fatigue. »

Les surdoués sont ainsi capables de maintenir leur attention de manière beaucoup plus soutenue que leurs pairs non surdoués[1].

L'implication et la motivation se manifestent également par l'aspect manichéen du surdoué, qui préfère achever une tâche d'un seul coup que de la morceler en étapes intermédiaires. Étant donné que le résultat vous « tombe de la tête », il est évident que vous ne pouvez, sans savoir dans quelle direction aller, scinder votre travail en tâches unitaires.

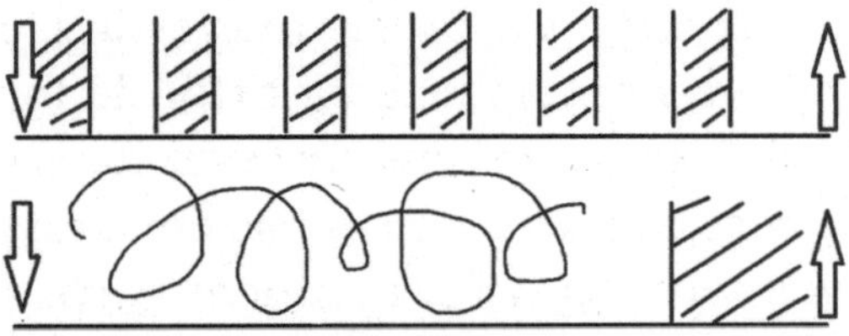

Dans le premier cas, la personne commence une tâche, s'arrête, se replonge dedans, s'arrête à nouveau, etc., jusqu'à la terminer en ayant avancé par morceaux.

Pour vous, le mécanisme est différent : vous réfléchissez en bruit de fond à ce que vous avez à faire, les informations s'assemblent de manière non consciente et, lorsque tout est prêt, vous vous investissez d'un seul tenant dans la réalisation de ce que vous souhaitiez entreprendre : vous n'avez ainsi que du temps efficace.

1. J. Shi, T. Tao, W. Chen, L. Cheng, L. Wang et X. Zhang, « Sustained Attention in Intellectually Gifted Children Assessed using a Continuous Performance Test », 2013, PLoS ONE 8(2): e57417. doi: 10.1371/journal.pone.0057417.

Stéphane devait refaire les gouttières de sa maison. Sa femme le lui rappelait régulièrement. Rien n'y faisait. Un jour, décidé, il partit acheter tout ce dont il avait besoin (il n'avait jamais refait de gouttières et ne savait pas comment s'y prendre). De retour chez lui, il s'y est mis, et le soir le travail était achevé, il n'avait eu que du temps efficace.

Cette attention soutenue, cet engagement dans un processus, peut sembler paradoxale avec l'attention diffuse que vous montrez pour aboutir un projet. Elle est sous le contrôle de votre cerveau qui démontre une plus grande efficacité de votre capacité d'inhibition cérébrale, qui permet de filtrer les informations pertinentes qui vous parviennent de l'environnement et de focaliser ainsi fortement votre attention[1].

L'implication dans un projet intéressant est totale : vous y pensez en permanence en bruit de fond, si bien que tous les éléments que vous percevez dans votre environnement, conscients ou non conscients, de par la sensibilité de vos sens aiguisés, prennent corps dans cette direction.

C'est ce qui fait souvent dire aux surdoués que le « petit vélo » ne s'arrête jamais.

C'est exact, car votre cerveau, plus efficace, est une machine à penser. Son rôle, outre celui de faire fonctionner votre corps, est de produire des pensées en permanence : vous ne pourrez donc pas, ou peu, l'arrêter. Par contre vous pouvez l'orienter, en lui donnant une direction : donnez-lui un sens, un projet, aussi petit soit-il, et il organisera ses pensées dans cette direction.

1. P. Planche, « Le fonctionnement et le développement cognitif de l'enfant intellectuellement précoce », *L'Année psychologique*, 100, 2000, p. 503-525.

Votre énergie sera ainsi canalisée et votre fonctionnement en sera plus fluide.

La pratique de la méditation de pleine conscience peut également vous aider de deux manières différentes : en arrêtant temporairement le flux de vos pensées, elle vous permet d'une part de vous relaxer, d'autre part de produire votre raisonnement en parallèle.

Le monde étant rationnel, comment mesure-t-on l'intuition ?

La mesure de l'intuition est plus souvent utilisée en matière de management[1], afin de mieux connaître votre style de manager et celui de vos collaborateurs, dans le but de favoriser une meilleure adaptation à chacun et une plus grande efficacité de tous.

On trouve ainsi une composante intuitive dans le MBTI[2], test utilisé par les coachs.

Ce test postule l'existence de deux fonctions irrationnelles de perception (P), permettant à chacun de recueillir de l'information de deux manières opposées, l'intuition (N) ou la sensation (S), et deux fonctions rationnelles de jugement (J), permettant de traiter cette information pour aboutir à des conclusions, la pensée (T) *[thinking]* ou le sentiment (F) *[feeling]*. Il ajoute également une composante d'extraversion (E) ou d'intro-

1. Voir O. Zeribi-Benslimane et M. Kammoun, « L'utilisation de l'intuition dans la prise de décision des dirigeants de PME : proposition d'une échelle de mesure multidimensionnelle », *Actes de la XXe conférence de l'Association internationale de management stratégique*. Disponible sur www.strategie-aims.com/events/conferences/.

2. Voir www.opp.com/fr-FR/tools/MBTI, le site du diffuseur du MBTI.

version (I), ainsi qu'une préférence entre jugement et perception. Les 16 dimensions prises ainsi en compte permettent de définir un profil de personnalité, incluant donc, ou non, la composante intuitive.

Les préférences psychologiques et les 16 types de personnalité		Sensation		Intuition	
		Pensée T	Sentiment F	Sentiment F	Pensée T
Introversion	Jugement	ISTJ	ISFJ	INFJ	INTJ
	Perception	ISTP	ISFP	INFP	INTP
Extraversion	Perception	ESTP	ESFP	ENFP	ENTP
	Jugement	ESTJ	ESFJ	ENFJ	ENTJ

Certains items du test de Weschler essayent de prendre en considération cette dimension, notamment celui qui évalue la compréhension des situations pratiques, des normes sociales, ainsi que la maturité sociale et le fait de saisir une situation dans son ensemble.

Il existe des listes de caractéristiques, mais ce n'est véritablement que par la déclinaison de ce fonctionnement spécifique dans le quotidien que la mesure d'un fonctionnement intuitif peut s'effectuer.

J'ai personnellement élaboré deux questionnaires[1], l'un pour les enfants, l'autre pour les adultes, qui sont tous deux corrélés à l'identification des surdoués par le test de Weschler : toutes les personnes présentant un score d'intuition au BMRI montrent également un QI > 125.

Vous trouverez en annexe les BMRI avec leur grille de dépouillement.

1. Béatrice Millêtre, *Le BMRI. Nouvel outil d'identification du surdouement*, à paraître.

Mes différences se retrouvent à une échelle neurophysiologique

Il semble que les surdoués montrent une organisation atypique de leur cerveau[1]. En premier lieu, le surdouement pour les mathématiques, les arts visuels et la musique est associé à de plus grandes capacités visuospatiales. L'hémisphère droit des enfants ayant des aptitudes supérieures pour les mathématiques montre une plus grande activité dans les tâches de reconnaissance de visages, qui impliquent précisément l'hémisphère droit[2].

Il semble donc que le surdouement dans ces domaines fasse intervenir préférentiellement l'hémisphère droit, procurant une meilleure efficacité et attribution des ressources cérébrales. Ce résultat est confirmé par d'autres recherches montrant une asymétrie frontale des aires corticales de l'hémisphère droit[3].

D'autres études ont montré que les surdoués en mathématiques et en musique montraient une organisation cérébrale plus symétrique et bilatérale, avec une participation de leur hémisphère droit[4] dans

---

1. Pour un état des lieux de la question, voir E. Winner, « The Origins and Ends of Giftedness », *American Psychologist*, 55, 1, 2000, p. 159-169.

2. M.W. O'Boyle, J.E. Alexander et C.P. Benbow, « Enhanced Right Hemisphere Activation in the Mathematically Precocious : A Preliminary EEG Investigation », *Brain and Cognition*, 17, 1991, p. 138-153 ; M.W. O'Boyle et C.P. Benbow, « Enhanced Right Hemisphere Involvement during Cognitive Processing may Relate to Intellectual Precocity », *Neuropsychologia*, 28, 1990, p. 211-216.

3. An. A. Fingelkurts et Al. A. Fingelkurts, « Exploring Giftedness », *in* S.P. Shohov (dir.), *Advances in Psychology Research*, Huntington, Nova Science, 9, 2002, p. 137-155.

4. S.H. Jin, S.Y. Kim, K.H. Park et K.J. Lee, « Differences in EEG Between Gifted and Average Students : Neural Complexity

des tâches impliquant habituellement l'hémisphère gauche[1].

On parlait, il y a encore quelques années, de préférence hémisphérique, qui est un concept non pas abandonné, mais modernisé en fonction des découvertes récentes sur le fonctionnement cérébral.

Qu'est-ce que la préférence hémisphérique ?

De manière simplifiée, notre cerveau est constitué de deux hémisphères, le droit et le gauche, reliés par le corps calleux[2].

On sait depuis la deuxième moitié du XIXe siècle que chacun présente des spécificités : les aires de Broca et de Wernicke dans l'hémisphère gauche sont notamment à l'origine du langage, la première liée à la production de parole, la seconde à la reconnaissance des mots auditifs. L'on s'entend aujourd'hui pour dire qu'il existe autour du sillon latéral de l'hémisphère gauche une sorte de boucle allant de l'aire de Broca à l'aire de Wernicke. Elles sont reliées entre elles par le faisceau arqué.

Si, par exemple, on anesthésie l'hémisphère gauche (test de Wada), 96 % des personnes auront momentanément leur expression orale altérée.

Les premiers neuroscientifiques ont ainsi cartographié le cerveau en zones : primaires, visuelles, auditives, sensorielles, secondaires et associatives, sièges des

---

and Functional Cluster Analysis », *The International Journal of Neuroscience*, 117, 2007, p. 1167-1184.

1. M.W. O'Boyle, H.S. Gill, C.P. Benbow et J.E. Alexander, « Concurrent Finger-Tapping in Mathematically Gifted Males : Evidence for Enhanced Right Hemisphere Involvement during Linguistic Processing », *Corwx*, 30, 1994, p. 519-526.

2. M. S. Gazzaniga, « Cerebral Specialization and Interhemispheric Communication. Does the Corpus Callosum Enable the Human Condition ? », *Brain*, 123, 7, 2000, p. 1293-1326.

associations des différentes informations et de la pensée consciente.

On a ainsi pu décrire différentes fonctions de chaque hémisphère, qui est ainsi spécialisé et non interchangeable.

Le tableau ci-dessous[1] montre un résumé des fonctions des deux hémisphères, telles qu'elles se retrouvent chez un droitier[2] :

Fonction	Hémisphère gauche	Hémisphère droit
Système visuel	Lettres, mots	Formes géométriques complexes Visages
Système auditif	Sons de langage	Sons autres Musique
Système somato-sensoriel		Reconnaissance tactile des formes complexes Braille
Mouvement	Mouvement volontaire complexe Mouvements fins	Mouvements d'ensemble
Mémoire	Mémoire verbale	Mémoire visuelle
Langage	Parole Lecture Écriture Arithmétique	Émotions
Processus spatiaux		Géométrie Orientation Rotation mentale de formes
	Routine	Nouveauté[3]

1. Tiré de M. Marsel Mesulam, *Principles of Behavioral Neurology*, Oxford, Oxford University Press, 1985.

2. M. S. Gazzaniga, « Cerebral Specialization and Interhemispheric Communication. Does the Corpus Callosum Enable the Human Condition ? », art. cité.

3. E. Goldberg, *The Executive Brain : Frontal Lobes and the Civilized Mind*, New York, Oxford University Press, 2001, p. 45-46.

De cette notion d'asymétrie hémisphérique, on est passé à celle de préférence hémisphérique et de préférence de type de raisonnement[1]. Cela veut dire que pour achever une tâche particulière, et bien que nos deux hémisphères collaborent en permanence, l'on utilise préférentiellement l'un ou l'autre de nos hémisphères et leurs fonctions associées.

Selon l'hémisphère que vous utilisez préférentiellement, vous serez ainsi neuro-droitier *(right brained)* ou neuro-gaucher *(left brained)*.

Le fait que nous sachions aujourd'hui que le cerveau fonctionne en réseau plus qu'en zones remet partiellement cette théorie en question.

C'est-à-dire que l'on ne parle plus de l'utilisation d'une zone unique dans une fonction donnée, mais de l'activation en réseau de différentes parties du cortex, notamment de différents types cellulaires.

Il n'en demeure pas moins que les premières expériences du XIXe siècle restent valables et montrent qu'une lésion dans une zone précise de l'hémisphère gauche conduit bien à une aphasie.

Formulé comme une préférence hémisphérique, ce concept est un raccourci de pensée qui permet de poser les idées, mais qui existe bel et bien sur le plan neurophysiologique[2] et il correspond à une réalité psychologique traduisant le quotidien des surdoués que je reçois. De plus, en tant qu'outil thérapeutique, cela me permet de brosser les grandes lignes du fonctionnement du cerveau en concluant que l'hémisphère droit s'intéresse aux

1. C. Trevarthen (dir.), *Brain Circuits and Functions of the Mind : Essays in honor of R. W. SPerry*, Cambridge/New York, Cambridge University Press, 1990.

2. M. C. Corballis, « Left Brain, Right Brain : Facts and Fantasies », 2014, PLoS Biol 12(1): e1001767. doi: 10.1371/journal.pbio.1001767.

émotions et l'hémisphère gauche à la pensée, et d'expliquer que je peux privilégier l'un ou l'autre domaine, l'un ou l'autre hémisphère cérébral, selon l'environnement dans lequel je me trouve et l'objectif que je me fixe : si je suis submergé par les émotions, je vais alors « passer » sur l'autre hémisphère et rationaliser la situation que je vis à l'excès, ce qui fera diminuer, voire disparaître mes émotions. C'est alors un outil de gestion des émotions ; si je suis submergé par un monologue intérieur incessant et des pensées associées inutiles, je « passe » alors sur l'hémisphère droit, et arrête la logorrhée qui m'est nocive : cela s'apparente alors au *mindfulness* (la pleine conscience).

La mise en pratique en est d'une simplicité étourdissante : il me suffit de penser – mais cela, encore une fois, n'est possible que si vous acceptez l'idée de préférence hémisphérique – à fermer, comme je fermerais un volet, l'un ou l'autre de mes hémisphères cérébraux, et le tour est joué. Cette technique est d'une redoutable efficacité, et vous constatez à ce moment que vous n'avez plus aucune pensée verbale et que tout passe par les sensations.

Faire cela revient à vivre dans l'ici et maintenant, objectif de la méditation de pleine conscience, mais vous en avez court-circuité l'apprentissage.

Cela a deux vertus : vous détendre lorsque vous en avez besoin et vous permettre de faire réfléchir votre cerveau en bruit de fond.

3
Une plus grande intelligence

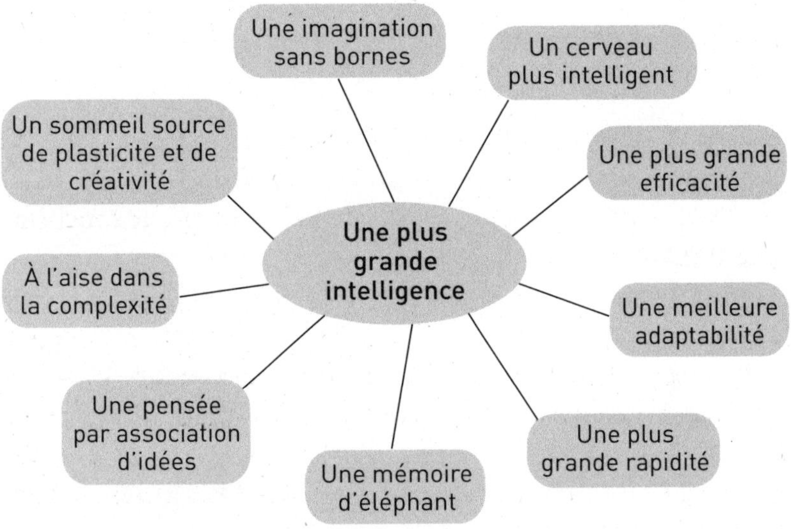
Une imagination sans bornes
Un cerveau plus intelligent
Un sommeil source de plasticité et de créativité
Une plus grande efficacité
Une plus grande intelligence
À l'aise dans la complexité
Une meilleure adaptabilité
Une pensée par association d'idées
Une mémoire d'éléphant
Une plus grande rapidité

La notion d'intelligence, particulièrement de la plus grande intelligence, m'est assez étrangère. Il m'est difficile, voire impossible, de définir ce que l'on entend par intelligence.

Je pourrais bien évidemment me référer aux théories contemporaines faisant référence à différents types d'intelligence, aux modèles faisant autorité sur la question, de Gardner[1] à Grégoire[2], de l'intelligence fluide à l'intelligence cristallisée... Si je les connais effectivement, ce sont, il me semble, des concepts utiles à certains théoriciens et chercheurs alors qu'ils ne me sont de peu d'utilité dans ma pratique quotidienne et ne me permettent pas d'aider les gens à se les approprier et à les utiliser.

La seconde difficulté que je rencontre est de mesurer l'intelligence, tout en ne sachant pas exactement ce que l'on mesure.

---

1. Howard Gardner, *Frames of Mind : The Theory of Multiple Intelligences*, New York, Basic Books, 1983.

2. Robert S. Siegler et Jacques Grégoire, *Enfant et raisonnement. Le développement cognitif de l'enfant*, traduit par Béatrice Bourdin et Clara Martinot, Paris/Bruxelles, De Boeck, 2010.

Il n'en demeure pas moins que les surdoués présentent, c'est la définition, une plus grande intelligence : Comment se manifeste-t-elle ? Comment la mesure-t-on ? Que nous en disent les neurosciences ?

Un cerveau plus intelligent

Le cerveau, on l'a vu, est composé de deux hémisphères cérébraux. On distingue quatre grands lobes à leur surface[1].

Le lobe temporal permet de distinguer l'intensité et la tonalité des sons. Sa partie supérieure nous permet de comprendre les sons de langage. Il est également impliqué dans la formation des souvenirs et leur récupération ; la portion droite participe plus à la mémoire visuelle, celle de gauche à la mémoire verbale.

Le lobe occipital est principalement consacré au décodage de l'information visuelle (forme, couleur, mouvement). Il est également appelé cortex visuel et permet, en lien avec la mémoire, de reconnaître des formes.

Le lobe pariétal, ou cortex sensoriel, est dédié aux perceptions sensorielles. Il met en relation les signaux auditifs et visuels avec nos souvenirs, leur donnant un sens et permettant la compréhension du langage oral et écrit.

Le lobe frontal permet de prendre des initiatives, de planifier des actions ; il contrôle notre vie sociale.

Il me faut également parler du cortex préfrontal, zone antérieure du cortex frontal, siège des fonctions cognitives supérieures, des processus cognitifs complexes, par exemple, le raisonnement abstrait, la planification et la prise de décision. Il établit de nombreuses connexions avec un certain nombre d'aires sous-corticales ainsi qu'avec des aires corticales sensorielles associatives.

---

1. Voir http://lecerveau.mcgill.ca/.

Les études récentes en neurosciences suggèrent que l'intelligence est l'interaction entre la manière dont circule l'information à travers le cerveau[1] et comment ce dernier tient compte de l'environnement[2]. Il semble que, d'une part, les aires cérébrales liées à l'intelligence soient les mêmes que celles impliquées dans la mémoire, l'attention, ainsi que dans les fonctions complexes. D'autre part, que l'intelligence soit basée sur la manière dont le réseau fronto-pariétal traite l'information. Chez les surdoués, les seuils d'activation de ce réseau sont plus bas, plus sensibles, et les connexions interneuronales plus nombreuses[3].

Droit au but : je suis plus efficace et capable de m'adapter

Le cortex est cette couche mince à la surface du cerveau impliquée dans les processus cognitifs. Il continue d'évoluer jusqu'à environ 24 ans. Il commence par s'épaissir, en même temps que les neurones grandissent et produisent leurs dendrites (branches). Puis se met en place un processus d'élagage, afin de supprimer les neurones et dendrites inutilisés : le cortex s'amincit et le cerveau devient plus efficace. Ce processus intervient à l'adolescence.

---

1. R.E. Jung et R.J. Haier, « The Parieto-Frontal Integration Theory (P-FIT) of Intelligence : Converging Neuroimaging evidence », *Behavioral and Brain Sciences*, 30, 2007, p. 135-187.

2. R.J. Sternberg, « Right Answer to the Wrong Question : A Reply to Jung and Haier », *Behavioral and Brain Sciences*, 30, 2, 2007, p. 170-171.

3. K.H. Lee, Y.Y. Choi, J.R. Gray, S.H. Cho, J.H. Chae, S. Lee *et al.*, « Neural Correlates of Superior Intelligence : Stronger Recruitment of Posterior Parietal Cortex », *NeuroImage*, 29, 2006, p. 578-586.

Des recherches récentes[1] ont montré que l'épaississement et l'amincissement du cortex varient selon les enfants, et surtout selon l'intelligence. Ces variations sont particulièrement marquées dans le cortex préfrontal.

Que nous montre cette étude ? Qu'à l'âge de 7 ans, les enfants les plus intelligents ont un cortex plus épais, qui s'épaissit rapidement jusqu'à l'âge de 11-12 ans, pour ensuite s'amincir. C'est ce groupe qui montre les plus grands changements.

La maturation corticale se produit plus tôt et avec des rythmes alphas plus lents[2].

Cela montre que QI et maturation corticale sont liés. Il est possible que l'épaississement plus long du cortex préfrontal chez les enfants à QI plus élevé reflète une période critique pour le développement des circuits cognitifs supérieurs. Or nous savons que l'intelligence n'est pas liée à la taille du cortex mais à la dynamique des relations neuronales. Sans être certains de ce que cette étude implique, il est possible qu'elle indique une plus grande plasticité cérébrale[3]. Les recherches[4] montrent que l'organisation corticale d'un adulte surdoué est la même, c'est-à-dire que certaines régions cor-

1. P. Shaw, D. Greenstein, J. Lerch, L. Clasen, R. Lenroot, N. Gogtay, A. Evans, J. Rappoport et J. Giedd, « Intellectual Ability and Cortical Development in Children and Adolescents », *Nature*, 30, 440 (7084), 2006, p. 676-679.

2. E.A. Joel, M.W. O'Boyle et C.P. Benbow, « Developmentally Advanced EEG Alpha Power in Gifted Male and Female Adolescents », *International Journal of Psychophysiology*, 23, 1-2, 1996, p. 25-31.

3. Que l'on peut définir comme étant les changements neuronaux induits par l'expérience.

4. R.J. Haier, R.E. Jung, R.A. Yeo, K. Head et M.T. Alkire, « Structural Brain Variation and General Intelligence », *NeuroImage*, 23, 2004, p. 425-433.

ticales (non seulement le lobe frontal, mais également certaines régions du lobe pariétal) sont plus épaisses.

Une plus grande plasticité cérébrale permet une meilleure capacité d'adaptation à l'environnement.

Les conséquences sont que l'efficacité du cerveau, et donc l'intelligence, ne repose pas sur un plus grand travail mais sur une meilleure efficacité intrinsèque[1]. Cela est confirmé par le fait que votre cerveau consomme moins de glucose[2], en tomographie par émission de positons (TEP) lors de la réalisation de tâches verbales et non verbales : votre cerveau consommerait ainsi moins d'énergie, car la réalisation des tâches cognitives nécessiterait moins d'effort et une moindre activation de vos circuits neuronaux, vous conférant par là une plus grande efficacité[3].

Enfin, vous savez aller droit au but, en élaguant les informations non pertinentes qui vous parviennent[4], sachant éviter les culs-de-sac, impasses et autres voies sans issue. Imaginez que vous vous trouviez au palais des glaces à la fête foraine : prenant en compte un cer-

---

1. A.F. Fry et S. Hale, « Relationships among Processing Speed, Working Memory and Fluid Intelligence in Children », *Biological Psychology*, 54, 2000, p. 1-34.

2. R.W. Parks, D.A. Loewenstein, K.L. Dodrill, W.W. Barker, F. Yoshii, J.Y. Chang, A. Emran, A. Apicella, W. Sheremata et R. Duara, « Cerebral Metabolic Effects of a Verbal Fluency Task : A Pet Scan Study », *Journal of Clinical and Experimental Neuropsychology*, 10 (5), 1988, p. 565-575 ; R.J. Haier, B.V. Siegel, K.N. Neuchterlein, E. Hazlett, J.C. Wu, J. Paek, H.L. Browning et M.S. Bushbaum, « Cortical Glucose Metabolic Rate Correlates of Abstract Reasoning and Attention Studied with Positron Emission Tomography », *Intelligence*, 12 (2), 1988, p. 199-217.

3. I. Jambaqué, « Contribution de la neuropsychologie développementale à l'étude des sujets à haut potentiel : une revue de questions », *Psychologie française*, 49, 2004, p. 267-276.

4. O. Houdé, « Inhibition and Cognitive Development : Object, Number, Categorization and Reasoning », *Cognitive Development*, 15 (1), 2000, p. 63-73.

tain nombre d'informations quasi subliminales, vous savez trouver la sortie d'un coup. Il en va de même pour un dossier à traiter, un projet à mener : vous savez quelle est la bonne direction à suivre, quand certains de vos collègues s'égarent dans les impasses, n'ayant pas vu les indices d'une voie sans issue à son entrée.

C'est vrai dans le domaine professionnel, cela l'est également dans le domaine privé. Augustin me parlait de son épouse qui souhaitait ranger les décorations de Noël et descendait donc à la cave chercher les cartons. « Elle ne remonte qu'avec un carton, alors qu'il en faut quatre au moins. J'avais envie de lui dire de me laisser faire, ce qui serait plus efficace et plus rapide, mais je me suis retenu. »

Augustin serait allé directement au but, quand son épouse procède par essais-erreurs. Comme dans le labyrinthe de glaces, elle se heurte à la vitre, s'engage dans un cul-de-sac, en ressort, repart, et ainsi de suite.

S'ensuit une question importante pour la vie en communauté : est-ce si important ? Tout dépend de l'objectif que chacun se fixe : est-ce de sortir le plus rapidement possible du labyrinthe, ou est-ce d'y passer un bon moment à jouer, indépendamment du fait d'en trouver la sortie ?

Speedy Gonzales : je suis plus rapide

On a vu qu'il semble que l'intelligence soit liée à la manière dont le réseau fronto-pariétal traite les informations. Celles-ci circulent au sein de la matière blanche (équivalent d'une autoroute reliant des aires cérébrales distantes) sous-corticale. Les surdoués semblent présenter une matière blanche mieux organisée[1], ce qui

1. R.E. Jung et R.J. Haier, « The Parieto-Frontal Integration Theory (P-FIT) of Intelligence : Converging Neuroimaging Evidence », *Behavioral and Brain Sciences*, 30, 2007, p. 135-187.

leur confère une plus grande rapidité de traitement des informations[1], une matière grise plus épaisse et de plus nombreuses connexions neuronales qui entraînent une conduction nerveuse plus rapide[2].

Leurs réponses dans les processus d'habituation sont plus rapides, ce qui implique qu'ils ont besoin d'un nombre moindre de répétitions pour réaliser la tâche attendue.

Lorsque l'on s'intéresse à leur vitesse de réponse, celle-ci est plus élevée que celle de leurs pairs non surdoués, et ils passent moins de temps sur une tâche, démontrant par là une plus grande efficacité[3].

Prenant en compte plus rapidement les informations qui leur parviennent et allant droit au but, ils comprennent plus vite que les autres, que ce soit une situation, une phrase qu'ils finissent avant que leur interlocuteur n'ait terminé de parler, un environnement professionnel dont ils auront fait le tour en quelques mois, un dossier complexe à traiter qu'ils sauront orienter dans la bonne direction sans se perdre dans des voies de garage, etc.

Mémoire d'éléphant

Le fonctionnement global par lequel tous les éléments sont pris en considération dans leur ensemble, associé à

---

1. H.J. Eysenck, « The Psychophysiology of Intelligence », *in* C. D. Spielberger et J. N. Butcher (dir.), *Advances on Personality Assessment*, vol. 1. Hillsdale, Lawrence Erlbaum, 1982.

2. T.E. Reed et A.R. Jensen, « Conduction Velocity in a Brain Nerve Pathway of Normal Adults Correllates with Intelligence Level », *Intelligence*, 16 (3-4), 1994, p. 259-272.

3. M.W. O'Boyle, « Mathematically Gifted Children : Developmental Brain Characteristics and their Prognosis for Well-Being », *Roeper Review*, 30, 2008, p. 181-186.

une plus grande mémoire, par laquelle l'apprentissage ne se fait qu'avec peu de répétitions, va à l'encontre de la routine qui implique de mettre un pied devant l'autre et de remettre son travail sur le métier à de nombreuses reprises.

Il est communément admis qu'un enfant a besoin de huit à dix répétitions d'un concept pour l'emmagasiner, qu'un bon élève n'en a besoin que de cinq, quand le surdoué y parvient en une ou deux fois, traduisant ainsi sa mémoire d'éléphant[1].

Il s'agit aussi bien d'une mémoire à court terme, mémoire de travail[2] plus grande, que de la mémoire à long terme, dont l'accès est notamment plus rapide.

Elle intervient aussi bien dans les domaines de prédilection comme la musique[3], que dans les activités et les souvenirs.

Ceux-ci, à condition que, comme chez tout un chacun, ils aient été engrangés dans des conditions d'attention et d'intérêt, resteront pendant de plus longues années. Ainsi Jeanne, ayant fait un voyage à 5 ans, est capable à 10 ans d'en raconter chaque étape : les hôtels dans lesquels elle a dormi, les plats servis, les sites visités, les sensations, les paysages… Mélanie, non surdouée, dans les mêmes circonstances ne se souvient que de quelques images et du nom de la destination.

Prenant en considération tous les paramètres d'une

1. I. Simoes Loureiro, F. Lowenthal, L. Lefebvre et L. Vaivre-Douret, « Étude des caractéristiques psychologiques et psychobiologiques des enfants à haut potentiel », *Enfance*, 2010, 1, 2013, p. 27-44.

2. V. J. Dark et C. P. Benbow, « Type of Stimulus Mediates the Relationship between Working-Memory Performance and Type of Précocité », *Intelligence*, 19 (3), 1984, p. 337-357.

3. B. Lechevalier, *Le Cerveau de Mozart*, Paris, Odile Jacob, 2003.

situation de par leur vision globale, leurs sens exacerbés et acérés (œil de lynx), les surdoués gardent ainsi en mémoire tous les éléments contextuels d'une situation.

Du coq à l'âne : une pensée par association d'idées

Lorsque je reçois des personnes qui savent être surdoués, je leur demande ce que cela représente pour elles : aussitôt de me répondre qu'ils présentent une pensée en arborescence. Si j'insiste pour savoir comment cela se manifeste, j'obtiens un silence car elles ne le savent pas.

Il s'agit en fait d'une pensée par association d'idées, ou ce que l'on pourrait également appeler sauter du coq à l'âne.

Si quelqu'un vous dit par exemple : « Tu as vu, un chat blanc », vous répondez, et c'est évident : « Tu reviens de vacances en Grèce ? »

Évident pourquoi ? Parce que votre grand-mère avait un chat blanc, qu'elle vous avait envoyé une carte postale de Grèce, que c'est la fin de l'été et que la conjoncture actuelle fait que la Grèce est un pays attractif en ce moment.

Votre interlocuteur alors ne peut que penser que vous sautez du coq à l'âne, que vous ne l'avez pas écouté et n'êtes pas intéressé par ce qu'il vous dit. La réponse qu'il attendait était simplement : « Oui, il est mignon. »

Comme un poisson dans l'eau avec la complexité

Chaque fois que j'utilise cette phrase : « Ce qui est simple est pour vous compliqué, et ce qui est compliqué vous est plus facile », j'ajoute immanquablement : « Ce n'est pas très clair », et tout aussi immanquablement la personne que je reçois à ce moment me répond : « Si, bien sûr, au contraire c'est évident ! »

La complexité vous est effectivement plus facile, et complexifier une tâche trop simple est pour vous une stratégie couramment utilisée pour la mener à bien.

L'enfant, par exemple, aura besoin de complexifier une opération, simple pour les autres, afin de l'effectuer à sa façon : c'est ainsi que Marie-Hélène utilise toujours un chemin personnel, ajoutant d'un côté, retranchant de l'autre et complétant ainsi son opération : 7 + 8 devient 5 + 2 + 5 + 3.

Thomas, 30 ans : « Le jour de l'épreuve d'histoire du bac, j'avais le choix entre deux sujets : l'un que je connaissais par cœur, l'autre que je ne pouvais pas traiter sans réfléchir et qui me demandait du travail. Je n'ai pas voulu me "casser les pieds" et m'ennuyer pendant quatre heures, alors j'ai pris le deuxième sujet. Au moins c'était intéressant. Bon, je ne m'en suis pas mal sorti : j'ai eu 12/20. Évidemment j'aurais eu bien plus avec le premier, mais c'était trop simple. » Il n'est pas sûr que Thomas aurait eu une meilleure note en choisissant le premier sujet, je pense même que non. En effet, le goût de la complexité, de la difficulté ou du challenge sont des clefs à la motivation. De plus, il est scientifiquement prouvé[1] que vous êtes plus efficace, plus rapide, dans vos réponses lorsqu'il s'agit de problèmes complexes : votre cerveau utilise pour cela moins d'énergie et les zones impliquées coopèrent plus entre elles[2].

---

1. X. Duan et J. Shi, « Attentional Switching in Intellectually Gifted and Average Children : Effects on Performance and ERP », *Psychological Reports : Mental and Physical Health*, 114, 2, 2014, p. 597-607.

2. N. Jaušovec, « Differences in Cognitive Processes Between

N'hésitez donc plus à assumer ce trait de caractère puisqu'il vous permet d'être plus efficace.

Le sommeil, si merveilleux et parfois un calvaire

Le sommeil se caractérise par une succession de phases, qui se répètent plusieurs fois dans une même nuit[1].

1 train = 1 cycle de sommeil
1 nuit = 4 à 6 trains

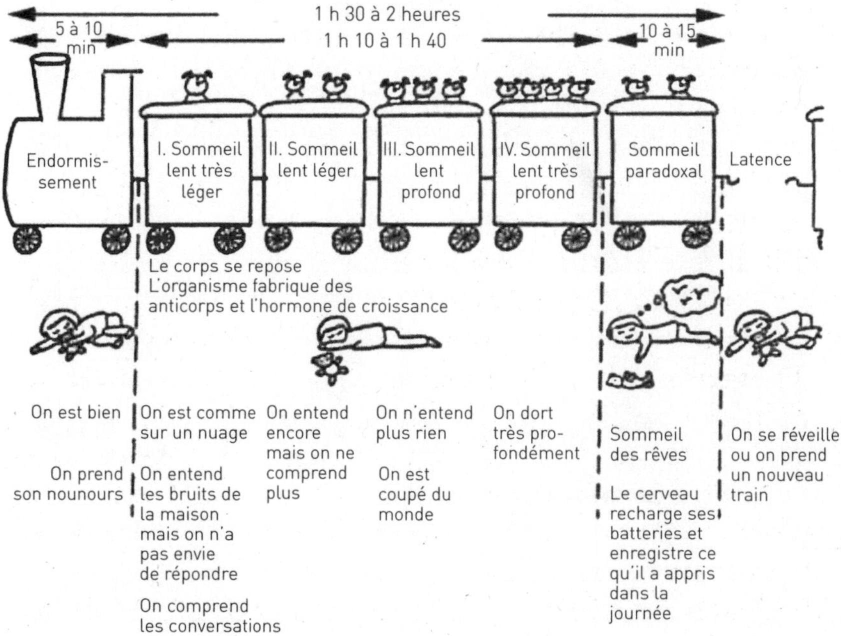

Gifted, Intelligent, Creative, and Average Individuals While Solving Complex Problems : An EEG Study », *Intelligence*, 28, 3, 2000, p. 213-237.

1. Image tirée de https://sommeil.univ-lyon1.fr/articles/challamel/sommenf/fig9.php.

Le sommeil des surdoués est particulier :

- il présente six cycles de sommeil au lieu de quatre ;
- la latence d'apparition de la première phase de sommeil paradoxale est plus courte (74 minutes au lieu de 88) ;
- leur taux de sommeil paradoxal est particulièrement élevé[1] ;
- les mouvements des yeux dans le sommeil paradoxal ont une fréquence plus élevée[2].

Cela leur confère une plus grande plasticité cérébrale et une meilleure mémorisation[3].

Ils montrent plus de fuseaux de sommeil, ce qui correspond à une organisation en réseaux plus complexes, et de meilleures capacités perceptives et analytiques[4].

Par ailleurs, l'enfant surdoué semble manifester des troubles du sommeil, avec des problèmes d'endormissement, des réveils et des terreurs nocturnes ainsi que du somnambulisme[5].

Si, pour expliquer cela, certains parlent d'anxiété, ce n'est pas forcément ce qui est rapporté par les enfants :

---

1. J. C. Grubar, « Sommeil et efficience mentale : sommeil et précocité intellectuelle », *in* J. C. Grubar, M. Duyme et S. Côte (dir.), *La Précocité intellectuelle, de la mythologie à la génétique*, Bruxelles, Mardaga, 1997, p. 83-90.

2. J. Huon, « Le sommeil des sujets à quotient intellectuel élevé », *Electroencephalography and Clinical Neurophysiology*, 52S, 1981, p. 128.

3. M. Jouvet, « Le discours biologique », *Revue médicale*, 16, 1972, p. 1003-1063.

4. S.M. Fogel, R. Nader, K.A. Cote et C.T. Smith, « Sleep Spindles and Learning Potential », *Behavioral Neurosciences*, 121(1), 2007, p. 1-10.

5. J. Louis, O. Revol, F. Noir, F. de Magneval, M.T. Amato et P. Fourneret, « Sommeil et précocité », *ANAE*, 15, 73, 2003, p. 151-158.

en effet, il ne faut pas oublier de changer de référentiel lorsqu'on interprète les attitudes des surdoués, et se fondre dans leur fonctionnement propre.

Ce que j'ai souvent constaté c'est que l'enfant étant occupé toute la journée, il n'a pas ou peu le temps de réfléchir, soumis en permanence à un flux d'activités qui s'enchaînent sans pause. Or, comme pour un adulte, son cerveau a besoin de digérer les informations qu'il a reçues dans sa journée : il a besoin de faire son « petit Archimède » et de laisser tout cela s'organiser tranquillement afin, ensuite, de pouvoir y accéder. C'est exactement ce qui se passe au moment de l'endormissement : un temps calme avec lecture, histoire du soir, chanson, etc., ce qui est suffisant pour que le cerveau range les informations à leur place et puisse les utiliser. Ce que fait votre enfant en vous posant toutes les questions qu'il n'a pas eu l'opportunité ni la conscience de vous poser auparavant. C'est donc l'heure des conversations incessantes et des pourquoi intenses, des questions métaphysiques et de la quête de sens.

Il est vrai qu'est récurrente la question de la mort. Joséphine se souvient avoir vécu avec la conscience de la finitude, la sienne et celle des autres, depuis ses 3 ans. Camille également, qui s'inquiétait de savoir si ses parents allaient mourir. Lorsqu'un enfant vous pose la question, la réponse immédiate de l'adulte que vous êtes est de le rassurer, pensant qu'il est anxieux et apeuré.

Il n'en est rien, et si vous questionnez autrement, sans interprétation, vous constaterez que votre enfant veut simplement savoir ce qu'il deviendrait si vous veniez à disparaître. Il anticipe son avenir.

Lui répondre qu'il n'y a aucun risque que vous mourriez lui crée alors une anxiété, vous ne répondez pas à sa question et vous lui mentez, en quelque sorte, en lui disant que vous ne mourrez pas. Or votre enfant sait, pour l'avoir côtoyée, de près ou de loin, que la mort fait partie de la vie, et il sait également que vous mourrez avant lui, car vous êtes (excusez-moi mais c'est la vérité par rapport à lui) vieux.

Si vous répondez simplement qu'il y aura toujours quelqu'un pour s'occuper de lui, oncle, tante, grand-cousin, grands-parents, etc., et qu'il ne sera pas seul, mais avec ses cousins et cousines du même âge, alors il cesse ses questions à ce sujet. Autrement, l'imagination prend le relais et se transforme alors en anxiété.

Concernant les cauchemars, réveils nocturnes et autres manifestations, il vous faut jouer sur l'imagination et la croyance qu'y mettra votre enfant : utilisez (créez) les pièges à cauchemars, les poudres de perlimpinpin et autres trucs auxquels il sera content d'adhérer[1].

Il en va de même pour les adultes qui rapportent fréquemment des problèmes d'endormissement : tout se passe comme pour l'enfant et vous n'avez aucune plage, dans votre journée, pour laisser votre cerveau en faire un débriefing. Il utilise dès lors le seul moment de latitude que vous lui laissez : l'endormissement. C'est alors l'arrivée des idées, des questions à poser, des orientations à donner à votre projet… Votre cerveau agit comme un pense-bête et vous rappelle de manière bienveillante tout ce que vous avez à faire. Prenez-le comme tel, et avec une petite phrase passe-partout, dites-lui[2] quelque chose du genre : « J'en ai pris note, on peut dormir », au propre ou au figuré (car vous pouvez avoir un petit carnet pour

1. Voir à ce sujet Béatrice Millêtre, *L'Enfant précoce au quotidien. Tous mes conseils pour lui simplifier la vie à l'école et à la maison*, Paris, Payot, 2015.

2. Il ne s'agit pas de faire comme si vous aviez un dédoublement de personnalité, mais de tenir compte de votre fonctionnement intuitif, en « parlant » en quelque sorte à votre cerveau qui, lui, vous parle quotidiennement au travers des intuitions qu'il vous adresse.

noter les idées qu'il vous envoie). Une fois son travail fait, et une fois qu'il saura que vous l'avez entendu et écouté, il vous laissera dormir tranquillement.

Le sommeil est un allié merveilleux et incontournable pour faire votre « petit Archimède » : combien de fois vous êtes-vous endormi avec un problème en suspens, une question non résolue, une incompréhension sur un cours ou un dossier, et vous réveillez-vous en constatant que tout est résolu, à sa place, que vous n'avez plus rien à faire et que vos préoccupations sont tombées pendant la nuit ? Certains me parlent de la « voix de la sorcière » pour décrire ce phénomène : prenez-en conscience, faites-lui confiance et mettez-la à contribution, votre efficacité et votre sérénité en seront augmentées.

Une imagination sans bornes et une créativité sans limites

La créativité est cette capacité à faire des liens entre des domaines qui n'en présentaient pas auparavant. Elle permet de considérer un problème de nombreuses manières différentes. De ce point de vue, les surdoués peuvent proposer des solutions innovantes[1] auxquelles les autres personnes n'ont pas encore pensé[2]. Il y aurait un lien entre cette créativité et le fait que leur cerveau, de par une latence réduite de mise en œuvre des réseaux neuronaux[3], leur permette de traiter en parallèle un grand nombre d'informations. Ils auraient une

1. J. Grégoire, M. Vlieghe et É. Lebrun ? « Haut potentiel, créativité et personnalité », *Enfance*, 2010, 1, 2010, p. 85-98.

2. M. Tekin et O. Tasgin, « Analysis of the Creativity Level of the Gifted Students », *Procedia Social and Behavioral Sciences*, 1, 2009, p. 1088-1092.

3. J.G. Geake et C.S. Dodson, « A Neuro-Psychological

meilleure coordination des deux hémisphères, ce qui favorise une plus grande flexibilité cognitive et une plus grande pensée créative[1].

De plus, les surdoués montrent moins d'activité corticale dans certaines régions (utilisées par des personnes non surdouées)[2], et plus dans le cortex pariéto-frontal et frontal, ces derniers exerçant une influence, une rétroaction sur les autres régions. Tout se passe ainsi comme si les surdoués étaient capables de moduler la régulation inhibitrice du cerveau, les rendant ainsi capables de repousser les frontières d'un raisonnement plus restreint[3].

Ils sont ainsi à même de faire des liens[4] entre des situations que les autres ne voient pas comme imbriquées[5].

Ils imaginent aussi bien des recettes de cuisine, qu'ils ne suivent pas à la lettre mais modifient en fonction de leurs envies et de leur créativité, que des histoires, des cabanes dans les arbres... Leur imaginaire

---

Model of the Creative Intelligence of Gifted Children », *Gifted and Talented International*, 20 (1), 2005, p. 4-16.

1. M. Besançon, F. Zenasni et T. Lubart, « Le haut potentiel créatif », *Enfance*, 2010, 1, 2010, p. 77-84.

2. B. Rypma, J.S. Berger, V. Prabhakaran, B.M. Bly, D.Y. Kimberg, B.B. Biswal *et al.*, « Neural Correlates of Cognitive Efficiency », *NeuroImage*, 33, 2006, p. 969-979.

3. M. Mrazik et S.C. Dombrowski, « Neurobiology, Prenatal Development and Prodigiousness. The Neurobiological Foundations of Giftedness », *Roeper Review*, 32, 2010, p. 224-234.

4. R.P. Ferretti et E.C. Butterfield, « Intelligence-Related Differences in the Learning, Maintenance, and Transfer of Problem-Solving Strategies », *Intelligence*, 16 (2), 1992, p. 207-223.

5. P. Planche, « Étude comparative d'enfants "précoces" et d'enfants "moyens" face à une épreuve de décentration spatio-cognitive », *in* J. Juhel, T. Marivain et G. Roussel (dir.), *Psychologie et différences individuelles. Questions actuelles*, Rennes, PUR, 1997, p. 133-138.

est sans limites, ce qui peut les freiner dans leur travail scolaire lorsqu'il ne leur est pas demandé de créer des liens[1].

La curiosité intellectuelle et l'imagination des surdoués doivent être cultivées afin de permettre l'élargissement des connaissances scolaires à des domaines variés, et permettre ainsi de maintenir leur implication[2].

L'école, le lieu de tous les possibles

Il me semble impossible de parler de l'intelligence des surdoués en faisant l'impasse sur leur parcours scolaire, puisque c'est un aspect souvent évoqué, qui semblerait traduire leurs capacités d'apprentissage.

On entend souvent que le surdoué est un enfant ayant appris à lire seul, ou très tôt, ou qu'il lit beaucoup.

Cet aspect me fait penser à deux exemples.

Le premier est celui d'un petit garçon ayant soi-disant appris à lire seul, sans aucune aide et sans stimulations extérieures d'aucune sorte, à l'âge d'un an et demi ! La maman, étonnée, s'est renseignée auprès des frères plus âgés, qui ont nié l'avoir aidé. Connaissant bien les enfants précoces pour avoir ouvert une école qui leur est dédiée, cette maman en a conclu que son dernier-né était précoce, et que les précoces pouvaient apprendre seuls.

Le deuxième exemple est celui de Yuri, enfant de

1. J. Freeman, « Conflicts between High Level Academic Success and Creativity *(Kylturowe i społeczne : konteksty wychowania)* », *Psychchologia Wychowawcza*, 51, 9, 2016, p. 45-60.

2. R. Gotlieb, E. Hyde, M.H. Immordino-Yang et S.B. Kaufman, « Cultivating The Social-Emotional Imagination in Gifted Education : Insights from Educational Neuroscience », *Annals of the New York Academy of Sciences*, 1377, 2016, p. 22-31.

4 ans, franco-japonais, qui a aussi soi-disant appris seul la lecture du japonais grâce à une affiche punaisée sur la porte des toilettes.

Or si je veux bien accepter l'idée qu'un enfant puisse apprendre la lecture en dehors de tout apprentissage scolaire formel, par exemple par mimétisme lorsque vous lui lisez un livre et qu'il suit les lettres que vous prononcez sur son livre (ou que vous lui montrez avec votre doigt), il est fondamentalement impossible, scientifiquement parlant, d'apprendre sans exemples autour de soi.

Une maman m'expliquait que son fils avait appris, lui aussi, à lire tout seul à l'âge de 3 ans, mais son mari la reprit en lui disant que s'il n'avait pas eu de leçons de lecture, à proprement parler, sa maman, professeur des écoles, répondait à toutes ses questions et les anticipait, en ajoutant : « Il est vrai qu'une fois qu'il connaissait les lettres et qu'on lui avait expliqué que B-A fait BA, il l'a extrapolé seul aux autres syllabes type V-A VA… »

S'il semble communément admis que les enfants précoces montrent un attrait pour les livres, ce n'est pas une donnée si caractéristique que cela. Il existe en effet une corrélation négative avec le milieu socio-éducatif de l'enfant : imaginez qu'un enfant montre un goût pour la lecture ou, plus tard, les sciences ; pour qu'il puisse se manifester, il faut que ses parents soient à l'écoute et lui permettent de nourrir sa curiosité. Un enfant d'un milieu socio-économique[1] plus élevé se verra offrir un livre de sciences ainsi qu'une mallette d'expérimentation, quand l'enfant d'un milieu défavorisé ne pourra

1. D. Card et L. Giulano, « Universal Screening Increases the Representation of Low-Income and Minority Students in Gifteducation », *Proceedings of the National Academy of Sciences of the United States of America*, 29, 113 (48), 2016, p. 13678-13683.

que conserver sa frustration : sa soif de découverte n'étant pas satisfaite.

Enfin, je dirais que l'aspect scolaire dépend des objectifs que vous, parents, vous fixez par rapport à lui : qu'il soit premier de classe ou épanoui ?

Ça se mesure l'intelligence ?

Le principe de la mesure de l'intelligence[1] a été établi dans les années 1900 par Alfred Binet et Théodore Simon. À cette époque, et il faut se replacer dans ce contexte précis, on s'est demandé comment établir un test quantitatif. La question immédiatement consécutive a été de savoir qui étaient les personnes les plus intelligentes, et ce qui les caractérisait. La réponse a été : « Celles qui ont fait des études. »

Le but premier était de mesurer l'« arriération », afin d'orienter les enfants concernés dans des classes de perfectionnement.

Le principe du test est de proposer des items de difficulté progressive : sur 30 questions, l'« idiot » ne réussit que les 6 premières, l'« imbécile » les 12 premières. Ce principe est conservé dans les tests actuels.

Binet n'a, quant à lui, aucune intention de mesurer l'intelligence des personnes normales : « Nous arrêtons ici la liste des tests que nous avons utilisés. Il eût été facile de les continuer en les compliquant, si on avait voulu faire une hiérarchie parmi les enfants normaux. On pourrait même étendre l'échelle jusqu'à l'adulte normal, jusqu'au normal intelligent, très intelligent,

1. Voir à ce sujet : Michel Huteau, « Alfred Binet et la psychologie de l'intelligence », *Le Journal des psychologues*, 234, 1, 2006, p. 24-28.

hyperintelligent, et mesurer, ou du moins essayer de mesurer le talent et le génie. Nous remettons à une autre occasion cette étude difficile[1]. »

Mal reçu en France, c'est aux États-Unis que le test a eu le plus de succès, notamment auprès des candidats à l'immigration, puis aux conscrits. Intervient alors le calcul qui conduit à la notion de quotient intellectuel, ce qui n'était pas le propos de Binet.

S'ensuit un développement massif, avec l'âge d'or des statisticiens et des calculs de plus en plus complexes.

Les items cessent d'être représentatifs d'un âge (répéter deux chiffres à 3 ans), mais permettent l'accumulation de points, que l'on fait correspondre à des niveaux d'âge. La notion d'âge mental est ensuite abandonnée au profit de l'efficience.

Tous les tests actuels sont les héritiers, modifiés, de ces tests centenaires.

À l'heure actuelle, les tests les plus utilisés sont ceux de Weschler.

On s'accorde à penser qu'ils permettent de situer l'individu sur une courbe statistique de répartition de la population générale, selon le principe de la courbe de Gauss, correspondant à ce que l'on appelle en mathématiques la « loi normale » de répartition.

Dans la population, 66 % obtiennent un QI compris entre 85 et 115 ; 5 % ont un QI supérieur à 125 ; 2,5 % ont un QI supérieur ou égal à 130 et 0,13 % supérieur à 145.

1. A. Binet et T. Simon, « Méthodes nouvelles pour le diagnostic du niveau intellectuel des anormaux », *L'Année psychologique*, 11, 1904, p. 191-244, spécialement p. 233.

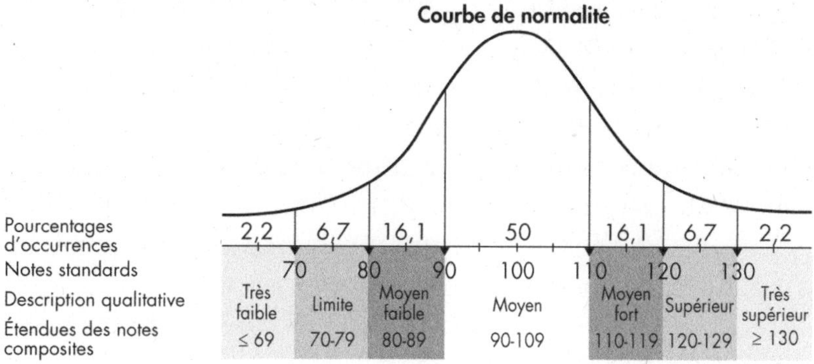

Il s'agit d'une échelle composite d'efficience intellectuelle qui permet de comparer les résultats d'un sujet par rapport à la moyenne des individus de sa tranche d'âge.

Le test donne une évaluation globale du fonctionnement intellectuel en termes de langage, raisonnement, organisation spatiale, mémoire, rapidité d'exécution dans le traitement des informations.

Il est constitué de différents sous-tests composés d'un certain nombre de questions : à chaque question est attribué un nombre de points, si bien que plus on répond, plus on obtient de points. Le total est transformé, en fonction de l'âge de la personne, en une note de 1 à 19.

La moyenne d'une même classe d'âge se situe entre 8 et 12, avec un médian à 10.

Sont regroupées en indices les questions d'une même catégorie.

Quatre indices sont aujourd'hui utilisés : l'indice de compréhension verbale (langage), l'indice de raisonnement perceptif (logique visuelle), l'indice de mémoire de travail (mémorisation de chiffres et de lettres) et enfin l'indice de vitesse de traitement (report d'une figure dans une liste).

La moyenne du QIT (quotient intellectuel total) et des quatre indices est de 100.

Les résultats chiffrés obtenus aux sous-tests ne sont pas des notes, mais des indices qui évaluent l'individu par rapport à ce qui est attendu des personnes de son âge.

Le résultat permet de situer les individus selon leur niveau d'intelligence. Le résultat de ce test est exprimé par un quotient intellectuel (QI) dont la moyenne est de 100.

Cela veut dire que le quotient intellectuel moyen dans la population générale se situe à 100.

Les individus se situant entre 110 et 129 sont considérés avec une intelligence moyenne forte à supérieure et ceux qui ont une intelligence égale ou supérieure à 130 sont considérés comme très supérieurs.

Les individus se situant entre 90 et 110 sont considérés avec une intelligence moyenne.

Les individus se situant entre 70 et 90 sont considérés avec une intelligence faible à moyenne faible.

En dessous de 70, l'intelligence de l'individu est considérée comme faible.

Il en existe trois versions, l'une pour les enfants en dessous de 6 ans (le WPPSI, ou échelle d'intelligence de Weschler pour la période préscolaire et primaire), pour les enfants entre 6 et 17 ans (WISC[1] ou échelle d'intelligence de Weschler pour les enfants) et pour les adultes à partir de 16 ans (WAIS ou échelle d'intelligence de Weschler pour adultes).

1. Voir à ce sujet les deux livres d'Éric Turon-Lagot, *WISC-IV. 1 : Une mesure des manifestations de l'intelligence chez l'enfant*, L'Isle-Adam, Éric Turon-Lagot, 2015 ; *WISC-IV. 2 : L'expression des compétences cognitives et de leurs troubles chez l'enfant et l'adolescent : études de cas*, L'Isle-Adam, Éric Turon-Lagot, 2016.

Le principe est de dire que les individus ayant répondu à plus de questions ont un QI plus élevé que ceux qui ont répondu à moins de questions.

Un certain nombre de problèmes se pose lorsqu'il s'agit des surdoués[1].

Le premier est le principe de la répétition des items, jusqu'à ce que vous ne sachiez plus répondre. N'oubliez pas que la routine vous est difficile. Il devient, dès lors, compliqué de répondre à la suite à une série de questions similaires. Je prendrai pour exemple le sous-test de mémorisation dans lequel il vous est demandé de restituer une liste de chiffres que vous énumère le psychologue : vous commencez par une liste de 2 chiffres et pouvez aller jusqu'à 9, en augmentant de 1 à la fois, avec deux listes à chaque fois.

Par exemple : 2-9 puis 5-7 puis 3-4-7 puis 4-8-1 puis 4-6-3-2 puis 5-3-1-7 et ainsi de suite, ce qui est, reconnaissons-le, au bas mot « casse-pieds ».

Pour le surdoué, cela en devient difficile, et nombre d'entre eux refusent finalement de continuer.

Le deuxième est que si le test initial de Binet était conçu comme un outil de dépistage de l'« arriération » dans un but thérapeutique, le test de Weschler, lui, est connu, par le grand public, comme un test de mesure de l'intelligence, et même de l'Intelligence, avec un grand « I ».

Les personnes qui désirent le passer le font, à l'évidence, avec une raison, raison en lien avec l'intelligence, sur laquelle, bien souvent, ils ont des doutes, et veulent ainsi faire du mieux qu'ils peuvent.

---

1. M. Pereira-Fradin, X. Caroff et A.-Y. Jacquet, « Le WISC-IV permet-il d'améliorer l'identification des enfants à haut potentiel ? », *Enfance*, 2010, 1, 2010, p. 11-26.

Tant et si bien qu'ils finissent par ne pas donner les réponses attendues.

En effet, il est évident pour eux qu'ils doivent donner une réponse « intelligente », et il ne leur vient pas à l'esprit que ce qui est attendu n'est qu'une réponse « basique ».

Si vous leur demandez de vous donner la définition du mot « pomme », vous pouvez être assuré de voir le processus suivant dans leurs yeux : « Une pomme, bon bon bon, que faut-il que je réponde ? La définition ? Cela veut donc dire "définir". Si un extraterrestre arrivait sur Terre, comment lui expliquerais-je ce que c'est ? Eh bien, un objet rond, avec un petit trou en haut portant éventuellement des feuilles, un petit creux en bas ; il y en a des rouges, des vertes, des jaunes, et c'est comestible. »

Avec cela, ils obtiendraient le score de... zéro, car la réponse attendue est : « Un fruit ! »

Il ne faut pas oublier, lorsque l'on passe ce test, qu'il s'agit d'un test de répartition statistique, valable pour *toute* la population, que tous doivent pouvoir répondre à un certain nombre de questions.

L'image que j'utilise souvent, concernant ce test, est celle de la mesure de votre taille sous la toise : au mieux cela vous donne votre taille, à quelques centimètres près (vous ne pouvez pas vous grandir), au pire, cela vous donne quelque chose d'inférieur (si vous vous asseyez et que le médecin vous mesure malgré tout).

Si vous n'avez pas conscience de cela, vous risquez fort de vous trouver dans la posture de Lola, petite fille de 8 ans que je reçus après qu'elle ait passé le WISC, pour suspicion de précocité. Le pire est qu'elle était allée, pour cela, dans un des seuls cabinets reconnus en France sur les enfants précoces. Le résultat a été : QI de 65, avec indication d'aller faire reconnaître son handicap mental auprès de la MDPH[1] afin qu'elle puisse intégrer une classe spécifique. Le pire, c'est que le score de 65 a été obtenu alors que Lola n'a pas répondu aux questions. En discutant avec elle, je lui posais quelques-unes des questions constitutives du test, auxquelles elle me répondit parfaitement, tout en me parlant de sa visite au Louvre, aux salles de la Mésopotamie, tout en faisant des calculs de tête, avec retenue.

Loin d'être handicapée mentale, Lola est probablement une enfant précoce qui a inhibé ses réponses.

Son cas est loin d'être unique, malheureusement.

Une autre problématique liée à ce test est son mode de passation, défini par le manuel. Il est bien entendu que les conditions de passation doivent être identiques chez tous, afin que les résultats soient cohérents d'une personne à l'autre. Cela est cependant préoccupant lorsqu'il faut que les enfants, notamment, restent deux heures (environ) sans pouvoir bouger. Or certains ne le peuvent pas : à commencer par ceux qui présenteraient un trouble de l'attention ; sans oublier nos surdoués dont certains ont besoin de bouger.

Je conçois bien que ce soit un problème, pour l'environnement scolaire par exemple. Mais si l'enfant est capable de répondre, alors même qu'il est en train de faire une galipette, c'est bien qu'il dispose, dans son cerveau, des réponses attendues, réponses qu'il ne donnerait probablement pas en étant assis fixement sur sa chaise. La question que je soulève ici est de savoir ce que l'on souhaite mesurer : les capacités du cerveau ou une conformité sociale ?

---

1. Maison départementale des personnes handicapées.

Le quatrième problème réside dans le calcul du QI lui-même : pour que celui-ci soit possible, il faut que les quatre indices se situent dans la même zone ; s'ils montrent un trop fort écart, le manuel de passation du test de Weschler indique que vous ne pouvez pas calculer le QI, et nombre de personnes que je reçois me montrent le fatidique « QI non mesurable » ou « QI non significatif » de leur feuille de compte-rendu[1].

Or nous savons aujourd'hui[2] que nombre de surdoués présentent un écart, notamment entre le QI verbal et le QI de performance, si bien que l'on admet aujourd'hui qu'il suffit qu'un des quatre indices soit supérieur à 125 pour que l'on puisse parler de haut potentiel, ou qu'il faille étudier un profil plus qu'une note unique[3]. Une explication possible de cet écart, de cette moins bonne performance aux épreuves de rapidité, serait liée aux critères de cotation appliqués à ces sous-tests, particulièrement du fait que des points bonus sont appliqués en fonction de la vitesse de réponse. Or les surdoués s'en trouvent pénalisés, non pas parce que leur niveau de performance brut est inférieur, mais parce qu'ils privilégient la perfection en ne commettant aucune erreur au détriment de la vitesse de réponse. Ils sont alors en quelque sorte sous-évalués dans ces épreuves.

Si en France on utilise majoritairement ce test, les Anglo-Saxons considèrent que percevoir le surdoue-

1. M. Liratni et R. Pry, « Profils psychométriques de 60 enfants à haut potentiel au WISC-IV », *Pratiques psychologiques*, 18, 2012, p. 63-74.

2. H.H. Mueller, U.N. Dash, D.W. Matheson et R.H. Short, « WISC-R Subtest Patterning of Below Average, Average, and Above Average IQ Children : A Meta-Analysis », *Alberta Journal of Educational Research*, 30 (1), 1984, p. 68-85.

3. M. Liratni et R. Pry, « Profils psychométriques de 60 enfants à haut potentiel au WISC-IV », art. cité.

ment au travers du QI est réducteur[1] : un surdoué est quelqu'un montrant de grandes capacités intellectuelles (quelqu'un de plus intelligent), de grandes capacités de résolution de problème et une grande créativité. Les échelles de mesure[2] (par exemple l'échelle de surdouement *[the gifted rating scale]*) prennent ainsi en considération[3] :

1. La capacité intellectuelle, au travers des talents verbaux et/ou non verbaux, du raisonnement abstrait, de la résolution de problèmes, la vitesse mentale et la mémoire.

2. La capacité académique : cette échelle mesure la capacité à gérer les aspects factuels ou scolaires, à travers les compétences dans les différentes matières.

3. La créativité, avec une échelle évaluant la capacité de penser, d'agir et/ou de créer des produits innovants, uniques et originaux : on évalue comment un individu résout des problèmes, expérimente de nouvelles idées, formule des solutions et utilise son imagination.

4. Le talent artistique : cette échelle mesure le potentiel ou les compétences en théâtre, danse, peinture, sculpture, chant, musique.

5. Le leadership : cette échelle mesure la capacité à motiver les autres vers un but commun. On évalue également les aptitudes à résoudre les conflits, la prise

---

1. Voir à ce sujet le numéro spécial publié par l'Académie des sciences de New York en août 2016 : *Annals of the New York Academy of Sciences*, numéro spécial : *Beyond the IQ Test*, 1377, 1, août 2016, p. 1-77.

2. S.I. Pfeiffer, Y. Petscher et A. Kumptepe, « The Gifted Rating Scales-School Form : A Validation Study Based on Age, Gender, and Race », *Roeper Review*, 30 (2), 2008, p. 140-146.

3. S.P. Marland, *Education of Gifted and Talented*, (rapport sénatorial au sous-comité de l'Éducation, ainsi qu'au comité du Travail et des Services sociaux), Washington, U.S. Government Printing Office, 1972.

d'initiative dans un groupe ainsi que la compréhension de la dynamique sociale et la communication interpersonnelle.

6. La motivation : cette échelle se réfère à l'implication, à la constance, au désir de réussir, à l'attrait pour les tâches stimulantes, ainsi qu'à la capacité de travailler efficacement sans encouragements particuliers, conduisant à l'accomplissement.

On voit bien par cette échelle que l'on est loin de la définition que je donnais en préambule, et bien plus loin encore de celle utilisée couramment en France.

Quant à la Belgique, la définition officielle est la suivante : « Concrètement, nous considérons qu'un jeune est à haut potentiel s'il obtient un QI total supérieur ou égal à 125 ou obtient au moins une note supérieure à 130 dans l'un des indices, et/ou montre des capacités exceptionnellement développées dans l'un des types d'intelligences de Gardner qui ne peuvent être mis en évidence au moyen du test de QI ou à diagnostic des hauts potentiels ayant été mis en évidence par d'autres professionnels[1]. »

En tout état de cause, l'identification ne peut pas faire abstraction du contexte et de l'environnement dans lequel vit la personne[2].

Il en résulte que l'identification des surdoués est problématique puisque ce test ne peut pas leur convenir.

1. Fédération Wallonie-Bruxelles, *Les Tests de QI*, 2015, à consulter sur : http://enseignement.be/index.php?page=26125&navi=2986.

2. J. Freeman, « Permission to Be Gifted : How Conceptions of Giftedness Can Change Lives », *in* R. Sternberg et J. Davidson (dir.), *Conceptions of Giftedness*, Cambridge, Cambridge University Press, 2005, p. 80-97.

4
Un plus grand épanouissement

Moteurs, leaders
et connecteurs
Donner du sens
à tout
Plus sereins et
moins anxieux
Une incapacité
à s'ennuyer
Les surdoués
vont mieux
Une philosophie
de vie
Une ouverture
d'esprit sans
limites
Viser le meilleur
Humanisme

On entend et on lit souvent que les surdoués vont mal, qu'ils ont des difficultés relationnelles, qu'ils sont plus anxieux et plus sujets à la dépression ; qu'ils présentent en grand nombre un trouble d'hyperactivité et un déficit d'attention ; que certains montrent également des traits autistiques, sans parler de la schizophrénie qui, pour certains, serait un diagnostic différentiel.

La réalité est tout autre.

Si, comme tout un chacun, les surdoués, enfants et adultes, peuvent traverser des périodes de mal-être, déprime ou dépression, burn-out, anxiété, etc., ils n'y sont pas plus sujets, voire moins.

Une philosophie de vie

Il peut paraître bizarre de parler de philosophie de vie.

C'est une réalité : je n'ai jamais rencontré de surdoué, enfant ou adulte, qui ne soit fondamentalement humaniste, c'est-à-dire qui place l'homme et les valeurs humaines au-dessus de toutes les autres[1].

1. Définition de l'humanisme que l'on retrouve sur le Larousse en ligne.

Ce sont, en effet, des personnes ayant un sens de la justice chevillé au corps, une sensibilité extrême, une empathie développée ainsi que des valeurs humaines, à savoir une incompréhension du commerce et du marketing outranciers contraires à un épanouissement tant personnel que collectif, une incompréhension devant des actes mus par des sentiments négatifs…

Je n'ai pas connaissance d'études qui expliqueraient cet état d'esprit, mais nous le constatons, et c'est devenu l'un des critères d'identification.

Les surdoués sont des personnes montrant des valeurs, ayant des exigences élevées, en quête d'absolu, de sens, un sens métaphysique, et, à défaut, le sens de leur vie. Ils ont un besoin de compréhension, et plus encore une absolue nécessité.

Ce sont des personnes de confiance qui n'ont qu'une parole, douées d'une insatiable curiosité, d'une ouverture d'esprit, plutôt tournées vers les autres, faisant montre d'altruisme et d'empathie.

Les surdoués n'arrivent pas à concevoir que l'on reste statique, sans chercher à progresser, à s'améliorer, et se remettent sans cesse en question. Ils cherchent également à faire progresser les autres.

Ils ne conçoivent pas le mal, tout simplement parce qu'ils n'en comprennent pas l'utilité.

Leur vie ne peut donc qu'être sous le signe de la perfection, de l'absolu et de l'avancement. Une vie qui ne peut également qu'être en adéquation avec leurs aspirations, au risque, sinon de s'étioler.

Il faut sortir du point de vue du plus grand nombre qui nous parle de réalisme, d'objectifs, de réalités, etc., pour voir le monde avec les lunettes d'un surdoué. Un monde où le bien-être, les valeurs et leur apprentissage primeraient sur la réussite sociale et l'apprentissage académique, un monde où chacun exprimerait ses talents. Un monde où vivre en harmonie avec soi-même, où avoir un métier épanouissant ne serait plus un luxe…

La difficulté pour les surdoués n'est pas d'être en moins grand nombre, c'est que les autres sont en plus grand nombre. Imaginez, comme le chantait John Lennon, un monde parfait. Et il ajoutait : « Ce n'est pas difficile si vous essayez. » C'est bien ce que vivent les surdoués : ils essayent de construire ce monde parfait. On les traite d'utopistes, alors que tous les philosophes, psychologues et autres penseurs, décrivent depuis la nuit des temps, ce qui est leur essence même comme clef vers le bonheur et la civilisation du bonheur.

Car pourquoi ne pourrait-on pas imaginer un monde dénué de contingences matérielles, où chacun, responsable, assumerait sa part, sans égoïsme ?

Pourquoi est-ce à eux, tournés vers les autres, que l'on demande de devenir réalistes, et pas aux autres de devenir utopistes ?

La société est ainsi faite et c'est bel et bien à eux de s'y adapter, sans pour autant oublier leur part de responsabilité : pousser le monde vers le meilleur[1].

Qu'il s'agisse d'un domaine « intellectuel » avec une réussite professionnelle, en informatique, en économie, en politique, en marketing, d'un domaine artistique, danse, création graphique, communication, ou même d'un domaine plus artisanal, jardinage, bricolage, ou social, les surdoués mettront en place dans leur vie cette philosophie, innovant à leur échelle ou à celle du plus grand nombre, cherchant sans cesse à améliorer leur

1. R.F. Subotnik, P. Olszewski-Kubilius et F.C. Worrell, « Rethinking Giftedness and Gifted Education : A Proposed Direction Forward Based on Psychological Science », *Psychological Science in the Public Interest*, 12, 2011, p. 3-54.

environnement et celui des autres, à hisser tout leur petit monde vers le haut.

Toujours viser le meilleur : perfectionnisme et exigences

Il paraît que le perfectionnisme est un défaut, car il ne permettrait pas d'atteindre ses objectifs (ou plutôt ceux, moyens, fixés par les autres), qu'il empêche d'accepter ses erreurs, qu'il ne rend pas autonome mais dépendant des appréciations des autres, qu'il ne permet, enfin, pas de rendre son travail en temps et en heure. Cela serait vrai pour les non-surdoués. Pour eux, plutôt que perfectionnisme, il faut ici parler d'exigence. Le surdoué est exigeant[1]. Lorsqu'il accepte une tâche, il veut la faire bien. La comprendre, dans sa globalité, en percevoir les tenants et aboutissants, les ramifications, les conséquences, les étudier, en voir les contraintes, les écueils, les risques… et ne pas avancer une idée qui ne soit vérifiable et vérifiée.

Ce faisant, il peut oublier l'objectif, non pas le sien, mais l'objectif de la situation : rendre un devoir, obtenir un diplôme, signer un contrat, rendre un dossier, publier un livre, organiser une exposition, car, pour lui, un rendu se doit d'être parfait et il ne devrait pas y avoir de question à ce sujet.

La perfection est une qualité inestimable, qui vous tire toujours plus haut, toujours plus loin, vous fait grandir et fait grandir les autres.

Je conçois que pour les autres, qui ne partagent pas cette conception, cela soit difficile.

1. P. Planche, « Le fonctionnement et le développement cognitif de l'enfant intellectuellement précoce », *L'Année psychologique*, 100, 2000, p. 503-525.

Je crois que c'est une question de choix et de circonstances. Il est des circonstances dans lesquelles vous vous permettrez d'être parfait, selon vos standards, d'autres dans lesquelles vous le serez par rapport aux standards des autres, sans tomber dans le travers qui serait d'être toujours dans votre monde, sans percevoir celui qui vous entoure.

Ainsi Karl vint me voir, car il avait des difficultés à finaliser sa thèse de doctorat. Je lui expliquai qu'il avait, en somme, deux options : considérer que la thèse était ce qui lui permettait d'obtenir son diplôme et, qu'à ce titre, il avait toute la matière pour y parvenir ; ou faire un travail parfait.

Je le quittai ainsi et le revis cinq ans plus tard, thèse sous le bras, d'une bonne épaisseur : il l'avait faite à la perfection, sa perfection, allant recommencer des recherches lorsqu'il estimait qu'il n'avait pas suffisamment creusé un point. Cela lui prit, au total, huit années, quand d'autres achèvent un travail équivalent en trois années. C'était son choix et il a eu raison de l'assumer.

Josiane est scientifique et journaliste. On lui demande un article pour un magazine grand public. La perfection, pour elle, réside dans l'utilisation précise des mots justes et appropriés. Son rédacteur en chef lui fait remarquer que ses lecteurs ne pourront pas comprendre son propos, trop pointu, car ils ne disposent pas des connaissances nécessaires. Josiane s'entête en arguant qu'elle ne peut pas faire un travail de bas niveau. Elle n'a pas raison, car l'objectif de la situation est bel et bien d'écrire un article que ses lecteurs puissent lire et comprendre : elle doit donc se mettre à leur portée, en ajoutant ce paramètre à son équation.

Un bon moyen, je trouve, est de toujours se poser la question de l'utilisateur final : pour qui engagez-vous ce travail ? Pour vous seul ou pour d'autres dont vous devez tenir compte : vous adaptez ainsi votre perfection à la réalité et aux autres qui vous entourent.

L'exigence est souvent perçue[1] comme une marque de dureté, un signe que vous voulez tout contrôler, le reflet de critiques permanentes et l'inaction chronique par crainte de l'échec. Sans nier que ce puisse être le cas, ce n'est pas ce que vous en concevez, et c'est surtout un formidable moteur pour avancer et faire avancer les autres.

Je prends souvent l'exemple de la natation. Nabila est maître-nageuse. « Lorsque j'apprends à nager aux enfants, je les fais venir au bord chaque fois qu'ils n'ont pas bien fait leurs mouvements, et je leur demande ce qu'ils en pensent, si c'est ce que je leur ai demandé de faire. Parfois je les arrête à chaque mouvement. En faisant ainsi, j'ai des résultats surprenants. »

L'exigence pousse ainsi les gens à donner le meilleur d'eux-mêmes.

Votre exigence témoigne de votre confiance en l'autre, de votre croyance en ses qualités, en sa capacité à réussir, à donner le meilleur de lui ; elle est le reflet de votre respect à son égard.

À l'inverse, la complaisance n'est pas une marque d'estime. Accepter la médiocrité revient à dégrader les autres, à dévaloriser leurs qualités, à croire qu'ils sont incapables de bien faire.

Si je reprends l'exemple de la natation, Nabila me parle d'un de ses collègues : « Pierre, lui, donne aux enfants autant de moyens de flottaison qu'il en existe, brassards, frite, ceinture, et il les envoie faire des longueurs. Évidemment c'est plus facile, car il reste sur le

1. « Mes défauts. Suis-je trop exigeante ? », *Le Figaro Madame*, 6 avril 2015.

bord à discuter, mais les enfants ne progressent que lentement. »

Effectivement, il est plus facile d'être complaisant, cela demande moins d'implication et est souvent mieux perçu, car vous laissez les autres faire à leur façon.

Coralie fait de la danse classique avec son amie Léa. Celle-ci décide d'arrêter au bout d'un an, trouvant leur professeur trop sévère. « Elle me dit qu'elle crie tout le temps et qu'elle ne supporte pas cela. Moi, je l'adore. Elle ne nous crie pas dessus, juste elle nous dit comment bien faire les mouvements. »

En effet, les personnes exigeantes sont parfois perçues comme dures et intransigeantes, alors que ce n'est pas le cas.

Elles sont parfois également perçues comme rigides. Pour vous, un mot est un mot (porteur de sens, et d'un sens en particulier), si bien que vous pouvez vous attacher au pied de la lettre et ne pas percevoir l'implicite.

C'est un accompagnement que vous, parents, devez faire avec votre enfant afin qu'il comprenne ce qui est attendu de lui.

Quant aux adultes, à vous de savoir si vous voulez adapter votre propos, quitte à utiliser un vocabulaire moins précis, au risque de dénaturer votre pensée, ou si vous souhaitez conserver les mots parfaits : c'est une question de point de vue et d'assumation.

Cette logique du mot se retrouve chez les enfants. Si vous leur donnez des repères, des règles éducatives, et ils en ont plus besoin que les autres, ils s'y tiendront. Par contre dérogez-y une seule fois, votre logique sera donc prise en défaut et vous ne pourrez éviter la remise en question permanente.

Claude avait autorisé, un soir, une bataille de polochons entre cousins pendant les vacances. Son fils le lui a ressassé tous les soirs suivants : « Puisque tu nous l'as autorisée hier, on peut recommencer aujourd'hui. Pourquoi non, alors que c'était oui hier ? Ce n'est pas logique ! »

Vous êtes exigeant dans votre quotidien que vous essayez de faire tendre vers la perfection. Que vous invitiez des amis à dîner, et vous saurez créer le dîner et l'ambiance adéquats, y pensant en permanence pour que ce soit réussi.

L'environnement de vos enfants se doit également d'être parfait. Lorsque son fils est né, Valérie lui a fabriqué un mobile : « Tous les mobiles montrent les animaux sur la tranche, si bien que le bébé, sur le dos dans son berceau, ne les voit pas. J'ai dévalisé le magasin de bricolage à côté de chez moi, et je lui ai fait un mobile avec les animaux de face, afin qu'il puisse voir les couleurs et les dessins. »

Le repas doit être autant que faire se peut parfait, équilibré.

De même êtes-vous exigeant envers vous-même par respect pour les autres et, encore une fois, volonté de bien faire. Si ainsi vous vous engagez dans un travail, vous le réaliserez quelle qu'en soit la difficulté. Franck est paysagiste. Il s'est engagé à végétaliser un talus avec cent vingt buissons. « Lorsqu'on commence à faire les trous de plantation, on s'aperçoit qu'il n'y a que vingt centimètres de terre, le reste est du caillou. Il faut qu'on creuse au burin et à la masse. On a mal estimé le chantier ; on a mis trois fois plus de temps. J'aurais pu faire comme font certains collègues et laisser tomber, ou renégocier, mais je m'étais engagé donc je l'ai terminé. »

Car l'exigence va de pair avec vos valeurs.

Humanisme, valeurs et priorités

Ou comment vivre avec les autres. Ces autres qui vous environnent et dont vous percevez les émotions grâce à votre empathie et à votre plus grande intelligence émotionnelle. Ces autres que vous essayez de tirer avec vous vers le meilleur. Ces autres dont vous avez besoin.

Les valeurs humaines que sont l'empathie, l'affection, la bienveillance, le respect, la considération, la tolérance, l'écoute... créent le lien avec les autres par respect mutuel. Elles se déclinent au quotidien dans les valeurs éthiques : justice, intégrité et non-violence.

Votre empathie et votre écoute vous permettent de développer des relations chaleureuses sous le signe de l'ouverture.

Ainsi vous acceptez l'autre dans sa différence, le respectez et l'appréciez. Florence s'étonnait que certains de ses amis ne côtoient que des gens identiques, cadres supérieurs BCBG : « Mes amis viennent de tous les horizons, certains sont managers, comme moi, et nous nous sommes rencontrés par le biais de nos études ou du travail, mais j'en ai rencontré d'autres en vacances ou au sport. Blandine est couturière, couseuse, petite main ; nous passons des heures ensemble. Killian est agent de police, il est passionné de musiques de films, et passionnant lui-même. Cécile est assistante maternelle, et Paul est boulanger. J'ai plaisir à être avec eux tous. Pas forcément dans le même temps, encore que certains se sont déjà rencontrés et entendus. »

Pour vous, nous sommes tous égaux, et il vous est difficile de vous vivre surdoué, plus doué que les autres qui seraient sous-doués. Vous vous entendez avec tous, les prenant pour qui ils sont.

Vous savez prendre soin des autres, leur apporter du soutien et les aider.

C'est sur votre épaule que viennent pleurer vos amis en mal de réconfort, et vous êtes toujours prêt à rendre service, par principe, mais aussi car votre culpabilité vous taraudera encore des années plus tard.

Le mari de Claudine est dentiste. À un moment son cabinet est en difficulté. Solidaire de son époux, Claudine contracte un prêt pour l'aider et devient ainsi membre de sa SCI.

Des années plus tard, ils divorcent ; la seule parole que lui diront ses beaux-parents : « Bah, vous avez fait une bonne affaire ! » Alors que pour ne pas générer des conflits, elle a fait une donation au profit de son fils.

La recherche de solution fait que vous ne connaissez pas la rancœur mais privilégiez la réconciliation. Ce n'est pas pour autant que vous ne pouvez pas développer des sentiments négatifs, mais ils sont plus liés à votre incompréhension d'un comportement qu'à une aigreur.

Vous savez vous excuser si vous jugez que vous avez tort, même si les torts sont partagés, vous acceptez de les prendre à votre charge afin d'apaiser la situation et de rétablir un climat de paix.

Lors d'une soirée en famille, Anne s'est mise en colère, trouvant que ses neveux ignoraient leurs grands-parents. S'ensuit une altercation verbale entre elle et son frère (le père des neveux). Tous ont ensuite fait comme si de rien n'était, mais, intérieurement, chaque fois qu'elle retrouvait sa famille, Anne ressentait une culpabilité et une inquiétude telles qu'elle a pris sur elle pour s'excuser dans une longue lettre à son frère, dans laquelle elle prenait tous les torts sur elle, s'excusait et lui rappelait tous les bons moments qu'ils avaient passés ensemble étant enfants. Des années plus tard, si les tensions se sont relâchées, Anne en conserve encore la marque, reconnaissant qu'elle a eu tort de s'exprimer, mais continuant de ne pas comprendre comment des enfants peuvent mal parler à leurs grands-parents.

Sans demander que les autres reconnaissent également leurs torts, vous voulez, exigez que l'on vous exprime vos erreurs afin d'en tenir compte. « Que les gens ne soient pas d'accord avec ma façon de faire, je le comprends, mais quand je dis que je n'y arrive pas et que je ne sais pas comment faire autrement, on ne me répond pas. Je ne demande qu'une chose, qu'on m'explique, qu'on me donne une solution et je la mettrai en pratique. » Ainsi parlait Olivier qui ne savait pas comment faire pour que son frère s'entende avec lui. Il lui écrivit des lettres lui demandant de lui dire ce qui n'allait pas, ce qui s'était passé pour qu'il ne veuille plus lui parler, et il l'a invité à dîner pour s'expliquer : « Il m'a assuré que tout allait bien et que je me faisais des idées. »

Le monde comme terrain de jeu : le grand écart

L'ouverture d'esprit est inhérente à votre vie. Plus que de la curiosité, c'est bien d'un intérêt pour tout qui vous anime.

Vous avez des passions, simultanées ou successives, et ne comprenez pas que l'on puisse se satisfaire d'une seule activité. Pour vous, le monde est pluriel et mérite d'être exploré.

Capable de vous intéresser à tout et son contraire, vous êtes surpris lorsque l'on vous dit que c'est impossible.

Carine raconte à ses amis ses dernières vacances, pendant lesquelles elle est partie sac à dos faire du camping sauvage. Puis elle a passé les quelques jours qui lui restaient dans un hôtel cinq étoiles à faire des visites culturelles.

Elle s'étonne devant l'incompréhension de ses amis : « Ils ne comprennent pas que je puisse concilier les deux. Personnellement, je ne vois pas où est le problème, puisque mes plaisirs et mes satisfactions sont différents. Je ne conçois pas, comme Luc, par exemple, de ne passer mes vacances qu'au Vietnam, chaque année, l'une après l'autre. »

Plus que de la compréhension, il y a ici l'acceptation de l'autre dans sa différence, dans ses goûts et ses choix.

Pour vous le monde est pluriel, et s'arrêter à une vision unique n'a aucun sens.

Vous êtes ainsi capable de faire le grand écart, d'être aventurier et casanier, de voir du monde comme d'avoir besoin de solitude.

Vous avez des passions, et savez que vous pouvez et avez envie de toujours explorer plus et plus loin.

Pour Anne, 22 ans, rien que de très normal : « Je vais au cinéma, au théâtre et au concert ; environ une fois par semaine je fais du sport, une ou deux fois par semaine je vais voir des expos, je vais me promener, je vois mes amis. »

De par leur plus grande intelligence, leur implication et leur motivation, leur désir de progresser et leur capacité à percevoir au-delà du premier abord, ce sont des personnes qui réussissent vite dans les activités qu'ils investissent.

Ils progressent rapidement en sport, utilisant leurs sens comme autant de récepteurs d'information, ils sont de bons observateurs, qui digèrent les connaissances qu'ils perçoivent ainsi des autres sportifs et leur apprentissage se fait plus par expérience et observation que par théorie.

On dit d'eux qu'ils ont un bon œil, et une bonne capacité d'observation et d'assimilation.

Je prends souvent l'exemple de l'équitation à ce sujet, dans lequel les cavaliers de saut d'obstacle doivent parcourir à pied le tracé qu'ils auront ensuite à effectuer à cheval. L'entraîneur leur demande de compter le nombre de foulées que leur cheval devra effectuer entre deux obstacles. Lucie, 13 ans, membre de l'équipe de France junior, me dit regarder faire les autres, compter avec eux, mais ne pas savoir quoi en faire : « Je les accompagne et je compte, mais une fois à cheval, tout se fait tout seul, je ne compte rien, mes mains savent ce qu'elles doivent faire et le transmettent au cheval. Je ne sais pas comment je fais ; ça se fait, et ça marche ! »

Ils ont des facilités dans tous les domaines qu'ils investissent, notamment en art où leurs œuvres plaisent ; ils aiment écrire, organisent des voyages ou des week-ends insolites en sachant dénicher ce qui en fera un voyage différent ; ils réunissent des amis intéressants ; ils apprennent facilement les langues.

L'ennui, cet inconnu

Toujours en exploration, vous ne vous ennuyez jamais, sachant tirer le meilleur de chaque situation.

On dit souvent des enfants surdoués qu'ils s'ennuient à l'école, parce que l'enseignement est répétitif et trop lent pour eux, pas assez stimulant ni enrichissant. Ce n'est pas faux. Ce n'est pas vrai.

Un enfant surdoué, montrant donc de nombreux centres d'intérêt, sait percevoir d'autres sources de satisfaction que la seule satisfaction scolaire : rencontrer des amis, jouer, participer aux différents spectacles de l'école, faire des sorties de classe, fabriquer des cadeaux pour les différentes fêtes, partager ses connaissances lors d'exposés...

L'ennui se traduit par le fait que le temps passe lentement[1], se manifestant par des sentiments désagréables, un manque de stimulation, une diminution des perceptions, des pensées négatives et des composantes motivationnelles (notamment expressions vocales) pour changer l'activité.

La principale cause d'ennui à l'école provient d'un manque de diversité dans les stratégies utilisées pour l'enseignement ainsi que la personnalité propre de l'enseignant[2]. Comme l'enfant surdoué est sensible, cela explique les résultats en dents de scie qu'il pourra expérimenter d'une année à l'autre, en fonction de l'enseignant. Acceptez cet état de fait, que votre enfant ait le droit de ne pas réussir une année, ou une matière, parce qu'il ne s'entend pas avec son enseignant. Passez un contrat avec lui à ce sujet : que ce soit le cas pour une année, mais que cela ne dure pas plus longtemps. Voyant que vous lui faites confiance et tenez compte de lui, il saura s'adapter et faire ce qui est nécessaire.

De plus, l'ennui de votre enfant est également lié à ses attentes vis-à-vis de l'école et de ce que vous lui en avez dit : en ce sens, la première idée que je partage avec les enfants surdoués est que l'école n'est pas intéressante au sens où ils l'entendent, c'est-à-dire que ce n'est pas là qu'ils apprendront de nombreuses connaissances, qu'ils

---

1. F. Preckel, T. Goetz et A.C. Frenzel, « Ability Grouping of Gifted Students : Effects on Academic Self-Concept and Boredom », *British Journal of Educational Psychology*, 80, 2010, p. 451-472.

2. T. Goetz, A.C. Frenzel et L. Haag, « Ursachen von Langeweile im Unterricht [Les causes de l'ennui à l'école] », *Empirische Pädagogik*, 20 (2), 2006, p. 113-134.

ont donc été induits en erreur, mais que, de ce fait, rien n'est difficile et que cela ne nécessite alors que peu de travail personnel.

Si l'ennui a longtemps été considéré comme faisant partie de la vie scolaire des enfants surdoués, une méta-analyse récente dément ce postulat : il n'y a pas plus d'enfants précoces qui s'ennuient en classe régulière que d'enfants non précoces qui s'y ennuient[1]. Cependant, les derniers s'ennuient plus souvent du fait d'être surstimulés, alors que les enfants précoces disent s'ennuyer à cause de sous-stimulations.

Mettant ainsi à profit toutes les sources de stimulation qu'il rencontre dans leur environnement, ainsi que leur imagination et leur créativité, les personnes surdouées sont capables de mobiliser leur attention afin de contrer l'ennui.

Elles savent trouver des occupations dans toutes les circonstances, transformant le manque d'intérêt intrinsèque d'une situation en une source d'observation et de partage avec les autres.

Le sens, sans qui rien n'est possible

Les surdoués ne peuvent pas vivre sans compréhension.

Déjà tout petit, l'enfant pose mille questions, c'est le flux des pourquoi incessants qui ne s'arrêtent pas à l'âge adulte.

Comprendre le fonctionnement du monde, les agissements et comportements de tout un chacun, comprendre

1. F. Preckel, T. Goetz et A.C. Frenzel, « Ability Grouping of Gifted Students : Effects on Academic Self-Concept and Boredom », art. cité.

les événements, comprendre la vie et ce qu'est notre place d'êtres humains dans l'univers.

La compréhension dont ils ont besoin est celle du contexte, autant qu'une compréhension du fonctionnement des autres, d'une compréhension globale, théorique et intrinsèque.

Elle intervient aussi bien dans tous les domaines.

Anicet, 30 ans : « Quand je prépare un voyage, je ne me cantonne pas aux guides touristiques, c'est-à-dire à l'organisation matérielle proprement dite. J'ai besoin de connaître la culture du pays dans lequel je vais, la structure politique, les débats d'actualité du moment, la gastronomie... bref j'ai besoin d'une vision globale de ce qui fait le pays. »

Elle est parfois justifiée, sinon vous ne pourrez pas faire ce qui est attendu de vous.

« Mon boss me demande de travailler sur un projet, et, pour cela, elle me délègue une partie de ses responsabilités. Une partie seulement. Sauf que, sans la partie qu'elle garde, il me manque une vision globale du sujet ; je n'en ai pas la compréhension, et ça me demande des efforts démesurés, une énergie disproportionnée, et surtout, je suis beaucoup moins percutante. »

Le besoin de compréhension vous permet d'approfondir votre sujet, mais sachez vous limiter afin de ne pas tomber dans la dispersion qui serait contre-efficace.

Hugo, 17 ans : « Lorsque je dois apprendre ma leçon de géographie, je commence par la page concernée, mais très vite il me manque un élément de compréhension, que je vais chercher plusieurs chapitres plus loin. Cela me donne la vision d'ensemble dont j'ai besoin pour assimiler. » Hugo sait se limiter à quelques notions complémentaires afin de ne pas se perdre dans les méandres de sa pensée par associations d'idées. Si une question lui vient, il sait la garder dans un coin de sa tête pour y répondre ultérieurement.

En fait, plus que de compréhension il faut faire preuve d'acceptation, car la compréhension, ce que vous y mettez, ou y cherchez, n'est pas là où votre définition la place. Comprendre pour vous veut dire connaître les tenants et aboutissants, le pourquoi du comment.

Il est des moments, des situations, où cela ne sert à rien, et où aucune compréhension n'a de sens. Je sais bien qu'en disant cela vous me regardez avec des yeux ronds : c'est pourtant la réalité.

Imaginez que vous regardiez un agenda rouge : pour comprendre on dirait pourquoi est-il rouge ? Qu'est-ce que le rouge ? Une couleur. Qu'est-ce qu'une couleur ? Une association de lumière, granuleuse et ondulatoire, une longueur d'onde particulière, un mot particulier, de quelle étymologie, de quelle culture, sachant que les frontières entre les couleurs varient d'une peuplade à une autre… Le fond de la question est : « J'ai un agenda rouge, dont le but est de noter mes rendez-vous. » Je n'ai pas besoin d'autre compréhension que celle-ci.

Il vous faut admettre que, selon les circonstances, il n'y a parfois pas grand-chose, voire rien, à comprendre. Et qu'il vous faut juste être factuel, descriptif de ce que vous percevez, afin, notamment, de faire ce qui est attendu de vous dans la situation donnée.

Toujours moteurs et faisant partager leurs centres d'intérêt

Le leadership, la capacité à guider, à mener ou à influencer les autres, fait désormais partie intégrante de la définition du surdouement.

De par leur curiosité, leur ouverture d'esprit et le fait qu'ils soient toujours l'œil aux aguets et aient de nombreuses idées, les surdoués sont ainsi moteurs avec les autres.

Ce sont eux qui sont à l'initiative de sorties entre amis, sont force de proposition et font partager leur enthousiasme à leur entourage.

Jeanne me disait que ses amis appréciaient chez elle qu'elle soit toujours au courant de tout ce qui se faisait à Paris. « Je ne fais pourtant que parcourir *Pariscope* afin de voir ce qui me tenterait. »

Quant à Arthur, c'est bien le seul parmi ses amis à connaître l'unique restaurant burkinabé de Paris.

Ils savent également mettre en relation des personnes capables de s'entendre, soit à titre amical, soit à titre professionnel : on peut ainsi dire d'eux que ce sont des « connecteurs ».

C'est grâce à Delphine que Michel et Sylvie se sont rencontrés et qu'ils ont passé leur vie ensemble. C'est grâce à Thierry que Damien a pu réaliser son projet en rencontrant Julie et Dominique avec qui il s'est associé.

Aurélie est bénévole pour le Secours populaire : « Oh, je fais juste partie de ceux qui accueillent les personnes et leur servent un café. À ma grande surprise, on m'a demandé très vite de devenir responsable. » Oui, car elle avait des bonnes idées pour rendre l'accueil plus chaleureux et plus efficace, et qu'elle savait faire partager ses idées aux autres bénévoles.

C'est alors la conjonction des idées et de leur mise en pratique : le surdoué évoque le chemin, les autres y adhèrent et le concrétisent.

Pour un manager, il serait bon d'écouter les idées stratégiques que présente le surdoué pour en voir les tenants et aboutissants, et d'utiliser le côté concret des autres afin d'entrer dans sa concrétisation et sa réalisation.

L'entreprise économisera ainsi le temps, qui peut se chiffrer en jours, en semaines ou en mois, qui aurait autrement été nécessaire pour développer un raisonnement séquentiel qui aurait de toute façon abouti au même résultat.

Chantal travaille avec Bénédicte dans une entreprise d'informatique. Elles réalisent des programmes de comptabilité : « C'est merveilleux de travailler en binôme avec Bénédicte : elle a toujours les bonnes idées, celles qui nous font aller droit au but et gagner un temps précieux. Avec elle on évite les pièges et on est sûres de réussir à tous les coups. Alors je lui fais confiance, elle me dit quoi faire et je programme. C'est ma force, et le linéaire, écrire des lignes de code, ce n'est pas son point fort. Alors on fait une équipe de choc. »

Mais le leadership se manifeste également par l'écoute et l'aide que les surdoués apportent aux autres : toujours psychologues dans leur écoute, ils ne s'en contentent pas mais suggèrent des solutions.

On dit souvent d'eux qu'ils ne sont jamais contents, car ils perçoivent tout de suite ce qui ne va pas dans une situation donnée. Ce n'est pas qu'ils ne sont pas contents, c'est qu'ils voient comment elle pourrait être améliorée : il ne s'agit donc aucunement de mécontentement, et la formulation va bel et bien dans ce sens.

Ils ne disent pas : « Je n'ai pas aimé cette pièce de théâtre », mais : « Elle aurait encore été meilleure si les décors avaient été moins sombres. »

Allant comme toujours droit au but et voyant comme une évidence ce qui pourrait être perfectionné, ils pensent que c'est le cas de tous et partagent ainsi leur sentiment. Ayant souvent raison, ils sont donc écoutés.

Heureux de vivre : plus sereins et moins anxieux

On vous targue souvent d'anxieux, alors que vous savez que ce n'est pas ce que vous ressentez. Pour vous, il s'agit d'une conséquence de votre exigence : voulant bien faire, vous vous investissez et préférez réussir.

Le professeur d'anglais de Coralie lui dit qu'elle doit prendre confiance en elle et arrêter de poser des questions, qu'elle est capable de réussir. Elle ne comprend pas. Son professeur de mathématiques prend sa défense : « Coralie ne manque pas de confiance, elle pose des questions par volonté de bien faire, pour être certaine d'avoir compris. D'ailleurs, je sais pouvoir compter sur elle quand elle n'a pas compris pour demander des explications : c'est une des seules de la classe. »

Cette volonté de bien faire, reflet de votre exigence et de votre perfectionnisme sain ne s'accompagne pas de plus d'anxiété, car ce n'en est pas[1].

Vous faites confiance aux gens et vous ne comprenez pas qu'on puisse dire de vous que vous êtes naïf, simplement car vous croyez ce qu'ils vous disent, ce qui est plutôt une qualité et une preuve de bonne santé mentale. À l'inverse, quelqu'un qui ne fait confiance à personne a probablement des problèmes d'estime de soi.

Moins d'anxiété donc, et un lot de qualités vous conférant une plus grande sérénité[2] et un plus grand

1. J.-H. Guignard, A.-Y. Jacquet et T. Lubart, « Perfectionism and Anxiety : A Paradox in Intellectual Giftedness ? », PLoS ONE 7(7): e41043. doi: 10.1371/journal.pone.0041043, 2012.

2. J. Freeman, « A Quality of Giftedness », *Gifted and Talented International*, 27, 2, 2012, p. 13-71.

épanouissement[1] : la rage de réussir et de bien faire[2], le charisme[3], la passion qui peut vous faire transporter des montagnes. Ces qualités et bien d'autres qui vous constituent sont les éléments fondamentaux d'une alchimie réussie, porteuse d'énergie.

---

1. L. Wirthwein et D.H. Rost, « Giftedness and Subjective Wellbeing : A Study with Adults », *Learing and Individual Differences*, 21, 2011, p. 182-186.
2. E. Winner, « The Rage to Master : The Decisive Role of Talent in the Visual Arts », *in* K.A. Ericsson (dir.), *The Road to Excellence : The Acquisition of Expert Performance in the Arts and Sciences, Sports, and Games*, Mahwah, Lawrence Erlbaum, 1996, p. 271-301
3. R.F. Subotnik et L. Jarvin, « Beyond Expertise : Conceptions of Giftedness as Great Performance », *in* R.J. Sternberg et J.E. Davidson (dir.), *Conceptions of Giftedness*, 2e éd., Cambridge, Cambridge University Press, 2005, p. 343-357.

5
Une vie

Chat à neuf vies
On est surdoué pour la vie
C'est génétique
Des adultes en phase avec eux-mêmes
Parcours de vie
Se montre déjà surdoué à la naissance
Des élèves brillants ou non, mais à leur place
Le besoin d'un environnement épanouissant
Des ados plus épanouis

Si chaque personne est singulière, nous montrons cependant tous des similarités. Ce sont elles que j'avais envie de vous brosser au travers d'un parcours schématique de ce que peut être la vie d'un surdoué.

Petit surdoué deviendra grand : surdoué un jour, surdoué toujours

On me pose souvent la question de l'origine du surdouement.

Des études américaines ont montré avec certitude qu'il s'agissait d'une caractéristique innée, c'est-à-dire que l'on naît en étant surdoué. Cela ne s'acquiert donc pas et persiste toute votre vie durant.

C'est pourquoi le concept d'enfant précoce ne peut être adapté. Qu'est-ce que la précocité en effet ? Le fait d'acquérir une capacité avant la date moyenne d'acquisition par la moyenne de la population. Ce qui sous-tend que lorsque tous ont acquis cette capacité, l'avantage temporel disparaît. Imaginez que vous ayez su marcher à 9 mois, alors que la moitié des enfants le font vers

12 mois. À deux ans, lorsque tous ont une démarche assurée et courent, il est impossible de dire qui était un marcheur précoce : la différence est gommée. Cela n'est pas le cas et, du fait de ce fonctionnement particulier qui caractérise les personnes à haut potentiel, ils gardent leurs spécificités toute leur vie durant. C'est la raison pour laquelle il est indispensable de savoir comment vous fonctionnez afin de pouvoir être en accord avec vous-même.

Une origine innée, donc. Ce qui ne veut pas dire que l'un ou l'autre de vos parents soit surdoué.

Il est, en effet, des familles dans lesquelles on retrouve plusieurs personnes surdouées (parents, frères ou sœurs, enfants, grands-parents) et d'autres dans lesquelles il n'y en a qu'un. Je me souviens de ce jeune homme qui me parlait de ses parents, avec colère, car son père n'a jamais su répondre aux nombreuses questions qu'il lui posait sur le chemin de l'école : il était le seul de la famille.

Il est également possible et probable que l'on trouve des familles dont plusieurs membres soient surdoués mais qu'ils ne le sachent pas et que cela ne soit pas visible.

Certains surdoués se sont effectivement tellement adaptés à leur environnement qu'ils ne montrent extérieurement aucune des caractéristiques habituellement associées. Ils semblent fonctionner harmonieusement, mais vous diront combien est lourde l'énergie qu'ils dépensent à cela.

Est-ce génétique ?

On me pose souvent la question de l'origine du surdouement, avec la question sous-jacente : « Est-ce que cela se transmet : si je suis surdoué, mes enfants le seront-ils également, ou s'ils le sont, le suis-je moi-même ? »

Il n'est pas rare que des parents venant consulter pour leur enfant s'avèrent eux-mêmes surdoués.

Les chercheurs se sont penchés sur cette question de l'origine génétique et il apparaît clairement[1] que l'intelligence soit en effet liée en partie à l'expression de certains gènes. L'étude de jumeaux monozygotes démontre l'existence de gènes cognitifs spécifiques[2].

Une étude[3] portant sur 11 000 jumeaux surdoués dans différents pays conclut à l'héritabilité du surdouement et suggère une combinaison extrêmement rare d'allèles spécifiques[4] exprimant un ensemble de gènes impliqués dans les capacités cognitives[5].

Mais la génétique ne fait pas tout, et l'environnement tient une place prépondérante dans la réalisation du potentiel d'un surdoué.

---

1. A.M. Brant, B.C. Haberstick, R.P. Corley, S.J. Wadsworth, J.C. DeFries et J.K. Hewitt, « The Developmental Etiology of High IQ », *Behavioral Genetics*, 39 (4), 2009, p. 393-405.

2. Q. Zhu, Y. Song, S. Hu, X. Li, M. Tian, Z. Zhen, Q. Dong, N. Kanwisher et J. Liu, « Heritability of the Specific Cognitive Ability of Face Perception », *Current Biology*, 20, 2010, p. 137-142.

3. C.M. Haworth, M.J. Wright, N.W. Martin, D.I. Boomsma, M. Bartels, D. Posthuma, O. S. Davis, A.M. Brant, R.P. Corley, J.K. Hewitt, W.G. Iacono, M. McGue, L.A. Thompson, S.A. Hart, S.A. Petrill, D. Lubinski et R. Plomin, « A Twin Study of the Genetics of High Cognitive Ability Selected from 11,000 Twin Pairs in Six Studies from Fours Countries », *Behavioral Genetics*, 39 (4), 2009, p. 393-405.

4. D.T. Lykken, « The Mechanism of Emergenesis », *Genes, Brain & Behavior*, 5, 2006, p. 306-310.

5. C.M. Haworth, P.S. Dale et R. Plomin, « Generalist Genes and High Cognitive Abilities », *Behavioral Genetics*, 39 (4), 2009, p. 437-445.

Ainsi, un même gène peut s'exprimer différemment dans un environnement et dans un autre.

L'environnement semble avoir un effet dramatique dans l'expression des gènes liés à l'intelligence chez les enfants de milieux défavorisés[1]. Chez les enfants issus de milieux socio-économiques favorisés, l'intelligence reposerait pour 60 % sur l'expression des gènes spécifiques, alors que, pour ceux de milieux défavorisés, les gènes ne s'expriment quasiment pas. Tout se passe comme si un environnement appauvri en stimulations bridait l'expression génétique. À l'inverse, si vous vivez dans un milieu enrichissant, vos gènes de l'intelligence seront plus à même de s'exprimer[2].

Il est bien évident en effet que si vous montrez un attrait pour un domaine et que rien, dans votre environnement, scolaire, culturel et familial ne vous permet de le satisfaire, votre talent s'épuisera.

L'expression de l'intelligence semble faire intervenir tant la génétique que l'environnement. Elle se manifeste ainsi dès la naissance.

Le petit surdoué de 0 à 3 ans

Dès la naissance, le nouveau-né surdoué est reconnaissable[3] par l'avance qu'il montre. Il est dans un état

---

1. K.P. Harden, E. Turkheimer et J.C. Loehlin, « Genotype by Environment Interaction in Adolescents' Cognitive Aptitude », *Behavioral Genetic*, 37 (2), 2007, p. 273-283.

2. C. Zimmer, « The Search for Intelligence », *Scientific American*, 299, 2008, p. 68-75.

3. L. Vaivre-Douret, « Developmental and Cognitive Characteristics of "High-Level Potentialities" (Highly Gifted) Children », *International Journal of Pediatrics*, 2011, article ID 420297, 2011. doi: 10.1155/2011/420297.

d'alerte, sensible à toutes les stimulations environnementales[1].

Il peut rester éveillé de manière calme et durable plus de huit minutes, lorsque ses pairs ne dépassent pas quatre-cinq minutes[2].

Il explore visuellement son environnement de manière très active. Cela est rendu possible par sa neuromotricité axiale déjà présente ainsi que par son oculomotricité. Son cerveau est plus mature plus tôt[3].

C'est un enfant qui surprend par la profondeur et l'intensité de son regard, scrutateur sur le monde qui l'entoure. D'un point de vue moteur, on constate une avance de développement d'un à deux mois par rapport à ses pairs, sans qu'il y ait eu de stimulations spécifiques[4].

L'enfant surdoué est donc effectivement précoce pour un certain nombre d'acquisitions.

---

1. L. Vaivre-Douret, « Le développement de l'enfant aux "aptitudes hautement performantes" (surdoués) : importance des fonctions neuro-psychomotrices », *ANAE*, 67, 2002, p. 95-110.

2. I. Simoes Loureiro, F. Lowenthal, L. Lefebvre et L. Vaivre-Douret, « Étude des caractéristiques psychologiques et psychobiologiques des enfants à haut potentiel », *Enfance*, 2010, 1, 2010, p. 27-44.

3. J. E. Alexander, M. W. O'Boyle et C. P. Benbow, « Developmentally Advanced EEG Alpha Power in Gifted Male and Female Adolescents », *International of Journal of Psychophysiology*, 23 (1-2), 1996, p. 25-31.

4. Adapté de L. Vaivre-Douret, « Les caractéristiques développementales d'un échantillon d'enfants tout venant à "hautes potentialités" (surdoués) : suivi prophylactique », *Neuropsychiatrie de l'enfance et de l'adolescence*, 52, 2004, p. 129-141.

Item observés	Surdoués	Norme
Tient sa tête dans l'axe	1 mois	2 mois et 4 jours
Préhension volontaire	3 mois	4 mois et 10 jours
Retournements	4 mois	6 mois et 10 jours
Station assise sans soutien	6 mois	8 mois et 6 jours
Se met assis seul	7 mois	8 mois et 24 jours
Se hisse debout avec appui	8 mois	10 mois et 18 jours
Quatre pattes	8 mois	10 mois et 12 jours
Saisit la perle entre le pouce et l'index	8 mois	9 mois et 10 jours
Marche autonome	12 mois	14 mois et 20 jours
Commence à manger seul à la cuillère	12 mois	18 mois et 14 jours
Montre et...	15 mois	17 mois et 4 jours
Descend un escalier avec aide sans changer de pied	16 mois	19 mois et 1 jour
Tour d'au moins 8 cubes	23 mois	29 mois et 1 jour
Monte seul sans support en changeant de pied	24 mois	34 mois et 1 jour
Met ses chaussons seul	24 mois	30 mois et 8 jours
Fait du tricycle ou du vélo (avec stabilisateurs)	24 mois	36 mois et 3 jours

La précocité est de même évidente en ce qui concerne le langage. Les premiers mots apparaissent vers 9 mois et les premières phrases vers 18 mois[1].

1. Tableau traduit et adapté de L. Vaivre-Douret, « Developmental and Cognitive Characteristics of "High-Level Potentialities" (Highly Gifted) Children », art. cité.

Items observés	Surdoués	Norme
Babillage (consonnes)	4 mois	7 mois
Premiers mots (au moins 3)	9 mois	12 mois
Répétition exponentielle de mots	12 mois	18 mois
Première phrase (associant 2 mots)	18 mois	21 mois

Ces enfants n'utilisent jamais le langage bébé. À 22 mois, ils frappent par la richesse de leur vocabulaire et l'utilisation de phrases complexes, utilisant précocement et maîtrisant les temps verbaux.

Un peu avant deux ans et demi, ils montrent un plaisir à jouer avec les mots, synonymes et contraires.

Le développement psychoaffectif est lui aussi en avance par rapport aux enfants du même âge qui manifestent très tôt une grande curiosité.

Leur questionnement incessant adresse des questions métaphysiques et existentielles (l'origine de l'homme et de l'univers notamment)[1].

Damien, 2 ans, demandait : « D'où ça vient tout ça ? » « Tout ça quoi ? », demandait sa maman. « Tout ça », avec un geste de la main pour montrer tout ce qui l'entoure.

Sophie, 2 ans et demi : « Comment fait le papa pour mettre sa graine dans la maman ? »

Dès deux ans, on trouve une appétence pour les sciences, de la vie et de la Terre, physique, chimie, astronomie. Puis une demande précoce pour apprendre à lire et à écrire.

Leur mémoire est impressionnante : ils se souviennent des détails et des contextes de situations qu'ils ont vécues longtemps auparavant.

---

1. C. Harrison, « Giftedness in Early Childhood : The Search for Complexity and Connections », *Roeper Review*, 26 (2), 2004, p. 78-84.

Ils sont déjà hyperesthésiques et hypersensibles et montrent le sens de l'intuition.

On peut d'ailleurs dire d'eux[1] qu'ils ont un « œil de lynx » et une « mémoire d'éléphant ».

Chaleur et enrichissement : un environnement clef

On sait l'importance de l'environnement pour l'équilibre psychologique. Il l'est encore plus pour un surdoué, à tous les âges de sa vie.

On a déjà vu que la génétique se combine avec la qualité de l'environnement pour exprimer, ou non, les compétences de chacun.

Cela implique que nombre de surdoués ne peuvent exprimer leur potentiel de par le contexte et les événements de vie qui sont les leurs.

À enfant différent, parentalité différente.

Un parent étant un guide sur le chemin de la vie, il doit s'adapter à la personnalité de son enfant, et donc aux particularités de fonctionnement de son enfant surdoué.

Ce que l'on constate, c'est que les enfants surdoués (n'oubliez pas la définition, et gardez présent à l'esprit qu'ils vont bien) grandissent dans un environnement enrichi et épanouissant[2]. Lorsqu'ils parlent de leur famille, les surdoués disent qu'elle a plutôt joué un rôle positif que négatif dans leur développement[3]. Ce que

---

1. L. Vaivre-Douret, « Developmental and Cognitive Characteristics of “High-Level Potentialities” (Highly Gifted) Children », art. cité.

2. E. Winner, « The Origins and Ends of Giftedness », *American Psychologist*, 55, 1, 2000, p. 159-169.

3. J. L. VanTassel-Baska, « Characteristics of the Develop-

me confirmait Tadéus, chef d'entreprise : « Lorsque j'étais enfant, ma famille m'a poussé à toujours être moi-même, à faire les choses à ma façon. Mon environnement familial était peut-être un peu particulier, une grand-mère "savante", chercheur en biologie moléculaire, ce qui était rare à son époque, une tante "farfelue", artiste capable des pires étourderies et des meilleures réflexions, un père fonctionnaire pas du tout créatif et une mère médecin. Chacun vivait sa vie et laissait les autres vivre leur vie à leur façon. Je crois que c'est ce qui m'a porté. Si je demandais une boîte de chimie pour faire des expériences, je l'avais, pour mon épanouissement. Mes leçons, je les apprenais… peu ou pas, il me suffisait d'écouter et je ne prenais jamais de notes. Pour quoi faire ? Je retenais tout. Mes parents m'y ont encouragé, disant que si j'en avais besoin, je saurais bien faire ce qu'il fallait. Donc j'ai fait comme ça. Les exercices je ne les faisais jamais. Arrivé en prépa – maths sup et maths spé maths, j'ai continué ainsi. Je savais donner le résultat d'une équation mathématique avant que le prof de maths n'ait écrit le raisonnement. Il me laissait faire, j'avais raison. Maintenant, je dirige une petite entreprise d'informatique. Je n'ai pas envie d'avoir une grosse boîte. J'ai envie que les gens se sentent bien chez moi. Ils m'écoutent. Ils me connaissent. Ils savent que je suis là pour les idées. La réalisation, c'est leur domaine. Mais je les laisse faire aussi à leur façon, même si cela peut parfois être plus long que ce que j'aurais fait. Nous sommes bien tous ensemble. »

Tadéus résume bien la situation.

---

mental Path of Eminent and Gifted Adults », *in* J. L. VanTassel-Baska et P. Olszewski-Kubilius (dir.), *Patterns of Influence on Gifted Learners : The Home, the Self, and the School*, New York, Teachers College Press, 1989, p. 146-162.

Les familles d'enfant surdoué sont centrées autour de leur enfant[1]. Elles ne sont pas laxistes, comme on aurait rapidement tendance à dire en France, pas plus qu'aux ordres d'un pseudo enfant-roi. Non. Elles sont plutôt à leur écoute pour améliorer leur développement. Le fait que les parents soient à l'écoute de leur enfant et lui consacrent beaucoup de temps ne veut pas dire qu'ils le poussent et le transforment en surdoué qu'il n'était pas. Ils se sont rendu compte de l'éveil de leur enfant très tôt, de ses besoins et les ont satisfaits, l'ont accompagné.

Ils vont parfois jusqu'à bousculer leur vie afin de permettre à leur enfant de s'épanouir. Cela peut paraître excessif si l'on oublie que le rôle d'un parent est d'accompagner son enfant sur le chemin de son épanouissement personnel. Cela n'est donc pas problématique si c'est librement choisi et… possible.

Clothilde m'expliquait qu'ils avaient quitté Paris pour la province, car leur fille de 8 ans, hyperesthésique, ne pouvait supporter le bruit et la pollution.

Denis, père célibataire et dentiste indépendant, a accepté de ne consulter que trois jours par semaine pour être présent pour sa fille.

Catherine est la maman d'un petit garçon de 5 ans : « Une chose m'avait frappée avec Timéo, quand il était tout petit, c'est que, du jour au lendemain, il avait fallu que je passe de la bouillie premier âge, sans gluten, à celle deuxième âge, avec gluten : un jour il mangeait la première, le lendemain il n'a pas pu l'avaler et régurgitait le tout, son système digestif était devenu mature. Ce qui m'a frappé, c'est qu'il n'y a pas eu de progression. Cela a été pareil avec les stimulations dont il était envi-

1. E. Winner, *Gifted children : Myths and Realities*, New York, Basic Books, 1996.

ronné : tout se passait comme s'il en avait fait le tour une fois pour toutes, et il avait donc besoin de nouveaux enrichissements, ce que je lui ai toujours proposé. On me disait que j'en faisais trop, mais pas du tout, j'étais juste là pour l'aider à grandir au mieux. »

Effectivement, l'entourage ne comprend pas toujours, pensant que vous êtes l'esclave de votre enfant soi-disant roi, alors que vous êtes simplement à son écoute, pour l'accompagner sur le chemin de son épanouissement.

Les surdoués ont en effet grandi dans un environnement riche, souvent de famille montrant des niveaux élevés de stimulations intellectuelles et créatives[1].

Ces familles ont à cœur l'épanouissement de leur enfant et sont également exigeantes[2]. Elles ont des attentes importantes pour la réussite de leur enfant : professionnelle, scolaire mais surtout personnelle[3].

Les adultes que les parents ont ainsi choyés (dans le bon sens du terme) se montrent[4] plus en phase avec eux-mêmes, ont plus d'énergie positive, sont décrits par leurs enseignants comme ayant une pensée originale, étant autonomes et indépendants et exprimant leur potentiel.

À l'inverse, les surdoués ne manifestant pas ces états de plénitude invoquent des parents non investis, ou trop directifs, pas à leur écoute et n'ayant pas compris qui

1. A.W. Gottfried, A.E. Gottfried, K. Bathurst et D.W. Guerin, *Gifted IQ : Early Developmental Aspects : The Fullerton Longitudinal Study*, New York, Plenum, 1994.

2. M. Csikszentmihalyi, *Creativity : Flow and the Psychology of Discovery and Invention*, New York, HarperCollins, 1996.

3. H. Gardner, *Creating Minds : An Anatomy of Creativity Seen Through the Lives of Freud, Einstein, Picasso, Stravinsky, Eliot, Graham, and Ghandi*, New York, Basic Books, 1993.

4. M. Csikszentmihalyi, K. Rathunde et S. Whalen, *Talented Teenagers : The Roots of Success and Failure*, New York, Cambridge University Press, 1993.

ils étaient. Pousser trop un enfant précoce peut alors s'avérer délétère et nocif pour lui[1].

En somme, l'émergence du talent de ces surdoués repose sur la conjonction de ces différents facteurs : la possibilité d'obtenir les connaissances nécessaires au bon moment (ce que nous disait faire Catherine), la présence d'un environnement qui investit en quelque sorte sur l'enfant, qui est centré autour de lui (comme Tadéus) et un contexte familial qui reconnaît et valorise leurs talents[2].

Les parents sont en effet exigeants sur l'application des valeurs humaines, morales et éthiques qui sont les leurs et qu'ils transmettent à leurs enfants. Ils ont à cœur de leur apprendre à interagir avec leurs pairs, leur apprenant dès tout petit à se comporter avec les autres enfants. Anne se souvient que sa fille, sociable et attirée par les autres, allait se « coller » à eux et restait là à attendre. Elle lui a appris à dire « bonjour », puis « bonjour, je peux jouer avec vous ». Sa fille est aujourd'hui connue comme le loup blanc dans son école. Ce que me disent également le papa de Jade, les parents d'Augustin, ainsi que de nombreux autres. Ce qui ne veut pas dire qu'il ne leur arrive pas de se faire moquer d'eux, bousculer, avoir des histoires avec les copains… ni plus ni moins que les autres. La différence, qui n'est pas spécifique aux enfants surdoués mais bien partagée avec tous les enfants dont les parents s'occupent, tient au fait que leurs parents les aideront à résoudre le conflit.

---

1. J. Freeman, *What Happens When Gifted Children Grow Up ?*, Londres, Routledge, 2010.

2. D.H. Feldman, « The Theory of Co-Incidence : How Giftedness Develops in Extreme and Less Extreme Cases », *in* W. Peters, et F. Monks (dir.), *Talent for the Future : Proceedings of the 9th World Conference on Gifted and Talented Children*, Assen, Van Gorcum, 1992, p. 10-22.

Ils savent de ce fait adapter leur posture, leur discours et leurs attitudes aux autres, afin d'entrer en interaction dans le groupe. Mattéo n'aime pas le football, auquel il n'excelle pas, et ses copains ne veulent donc pas de lui comme attaquant dans l'équipe de la récré. Pas de problème, il est pris comme gardien de but.

Benoît, petit garçon de 7 ans, aimable et bien élevé, devient « affreux jojo » lorsqu'il côtoie la bande des caïds de la récré. Joséphine fait sa bébête pour entrer dans le groupe des filles.

Vont se combiner à cela[1] la personnalité propre et les événements de vie que l'on traverse, le décès d'un proche, un déménagement, les personnes que l'on rencontre. On a ainsi tous eu des professeurs emblématiques, des idoles à qui l'on souhaiterait s'identifier et vers qui on espère tendre (Arsène Lupin, en passant par Superman, Hercule Poirot...). L'environnement scolaire compte évidemment pour beaucoup, source potentielle d'enrichissements, sans oublier les aléas, tant positifs (la rencontre inopinée d'un artiste connu) que négatifs (la maladie chronique d'un parent), qui change la vie et peut malgré tout déboucher sur une plus grande résilience.

La conjonction de ses différents facteurs contribue à former des enfants et des adolescents épanouis, tant socialement que psychologiquement.

Ces derniers montreront un perfectionnisme sain[2], adapté, qui leur permet de réussir en effet au niveau académique et social. Ils sont plus stables émotionnellement, plus extravertis et agréables, plus consciencieux, et leurs

1. T. Lubbart, *Enfants exceptionnels. Précocité intellectuelle, haut potentiel et talent*, Paris, Bréal, 2005.

2. W. D. Parker, « An Empirical Typology Of Perfectionism In Academically Talented Children », *American Educational Research Journal*, 34, 1997, p. 545-562.

compétences sociales sont plus élevées. À l'inverse, on trouvera ainsi des jeunes montrant un perfectionnisme inadapté qui se traduit par une inadaptation au contexte scolaire et social.

Crise d'adolescence ? Non pourquoi, je suis épanoui, moi !

Ces enfants, épanouis dans des familles chaleureuses, enrichissantes et à l'écoute seront des adolescents épanouis, qui semblent moins traverser une crise d'adolescence.

Ayant appris très tôt à s'écouter, à faire à leur façon, à savoir qui ils sont, non pas de manière égoïste, mais en tenant compte des autres et en interagissant eux, ils sont déjà plus ancrés dans leur vie.

Leur plus grande potentialité serait ainsi corrélée à un plus grand équilibre social[1]. C'est l'âge où leur personnalité s'affirme et où ils minimisent l'adaptation aux autres. Aurélien, 17 ans, a bien conscience que les conversations de ses amis ne sont pas sur ses sujets de prédilection : « Ils ne parlent que des filles en buvant un café et en fumant des clopes. Mais bon, ce sont mes amis, et je les prends pour ce qu'ils sont. »

Ils sont capables d'affirmer leur personnalité[2], de répondre si on fait montre de les embêter. Alexis me parle de sa copine Diana : « Nous sommes en 5e et elle, elle met des pulls avec des animaux, des nounours, des chouettes. Elle a autour de sa trousse des porte-clefs, des

1. C.H. Mouchiroud, « Haut potentiel intellectuel et développement social », *Psychologie française*, 49 (3), 2004, p. 293-304.

2. J. Plucker et C.M. Callahan (dir.), *Critical Issues (and) Practices in Gifted Education : What the Research Says*, Waco, Prufrock Press, 2008.

gris-gris, et elle assume ! Moi je l'admire, car quand ma grand-mère a voulu m'offrir un pull avec un koala, j'en rêvais, mais j'ai refusé. Et personne ne se moque d'elle. »

Ils montrent une force que l'on retrouvera chez l'adulte qu'ils deviendront, que les autres leur envient. Margot, 14 ans, est admirée par ses copines, car elle assume ses positions, dit ce qu'elle pense et mène sa vie à sa façon.

Ils sont ainsi plus matures que leurs camarades, tant sur les choix et les attentes qu'ils manifestent à l'égard de leurs amis, leur personnalité, leurs centres d'intérêt et leurs compétences sociales[1].

Plutôt extravertis et centrés sur les autres, n'oublions pas l'altruisme comme caractéristique des surdoués, avec un bon niveau d'estime d'eux-mêmes, les adolescents font donc preuve d'un meilleur ajustement socioémotionnel[2].

Ils sont mieux intégrés, plus populaires et plus appréciés que leurs pairs, donc moins rejetés[3].

Ils ne montrent aucune forme d'isolement social[4].

---

1. N. M. Robinson, « The Social World of Gifted Children and Youth », *in* S. Pfeiffer (dir.), *Handbook of Giftedness in Children, Psychoeducational Theory, Research, and Best Practices*, New York, Springer, 2008.

2. N. Kostogianni et A. Andronikov, « Self-Esteem, Self-Centeredness and Social-Emotional Adjustment of Gifted Children and Adolescents », *Encéphale*, 35 (5), 2009, p. 417-22.

3. T. Czeschlik et D. H. Rost, « Sociometric Types and Children's Intelligence », *British Journal of Devevolpmental Psychology*, 13, 1995, p. 177-189.

4. D. H. Rost (dir.), *Hochbegabte und Hochleistende Jugendliche. Befundeaus dem Marburger Hochbegabtenprojekt [Gifted and High Achieving Youths. Findings from the Marburg Giftedness Project]*, 2e éd., Münster, Waxmann, 2009, cité *in* S. Bergold, L. Wirtheim, D. H. Rost et R. Steinmayr, « Are Gifted Adolescents Mores Satisfied with their Lives than their Non-Gifted Peers ? », *Frontiers in Psychology*, 20, 6, article ID 1623, 2015, doi: 10.3389/fpsyg.2015.01623.

Ils manifestent déjà cette qualité de leadership, emmenant leurs copains avec eux lors de leurs sorties, et faisant ainsi découvrir leurs intérêts. Cassandra est contente d'emmener sa copine Lilly lors de retransmissions au cinéma de ballets en direct de l'opéra, ou de l'inviter à visiter le Planétarium avec elle, les marchés de Noël...

Ils sont écoutés lorsqu'ils expliquent leurs idées qui sont reprises par leurs pairs. Ils savent également se défendre verbalement si on les interpelle et ils ne se laissent pas faire.

On a souvent dit que les adolescents surdoués étaient plus sujets que les autres à la dépression et au burn-out. En fait, ils montrent exactement la même satisfaction pour leur vie que les autres adolescents[1].

D'un point de vue scolaire, ils ont confiance dans leurs capacités et l'échec possible ne les dérange pas[2]. Constance en 6e reconnaît qu'elle préfère réussir, mais que tout ce qui est au-dessus de 11/20 lui convient « sachant bien sûr que j'essayerai de comprendre ce qui s'est passé pour m'améliorer la fois suivante ».

L'idée que les adolescents surdoués aillent moins bien que les autres semble provenir d'études incomplètes. Au contraire, leur santé mentale et leur bien-être sont un peu plus élevés que ceux des autres adolescents[3].

---

1. S. Bergold, L. Wirtheim, D.H. Rost et R. Steinmayr, « Are Gifted Adolescents Mores Satisfied with their Lives than their Non-Gifted Peers ? », art. cité.

2. C. Neitzke et U.M. Röhr-Sendlmeier, « Achievement Motivation of Intellectually Gifted Pupils when Confronted with Challenging and Unchallenging Tasks », *European Journal of High Ability*, 3, 1992, p. 197-205.

3. T.W. Jones, « Equally Cursed and Blessed : Do Gifted and Talented Children Experience Poorer Mental Health and Psychological Well-Being ? », *Educational Child Psychology*, 30, 2014, p. 44-66.

Ils sont de même plus contents et satisfaits de leur vie[1].

Étant confiants dans leurs capacités, et ayant été accompagnés par leurs parents depuis leur enfance, ils savent fonctionner à leur manière, apprendre lorsqu'ils en ont besoin et prendre la distance nécessaire par rapport aux recommandations de leurs enseignants : ils savent ce qui leur correspond, ce qu'ils ont besoin de faire pour réussir, et le mettent en avant.

Juliette se trouve ennuyée lorsque son copain Lucas lui demande de l'aider à réviser les contrôles de maths : « En fait je ne révise pas, j'écoute en classe, je comprends, ou pose des questions pour bien comprendre, puis, une fois chez moi, je lis mon cours par acquit de conscience, mais je n'en ai pas besoin. Je ne sais pas comment je vais pouvoir l'aider à réviser. »

De ce fait, Juliette a plus de temps pour elle, pour se détendre et faire ce qu'elle aime.

Plus que la réussite scolaire proprement dite, c'est le développement de talents propres qu'il faut valoriser, permettant l'expression de contributions créatives et ainsi l'accomplissement personnel[2].

---

1. E. Shaunessy, S.M. Suldo, R.B. Hardesty et E.J. Shaffer, « School Functioning and Psychological Well-Being of International Baccalaureate and General Education Students. A Preliminary Examination », *Journal of Secondary Gifted Education*, 17, 2006, p. 76-89.

2. R.F. Subotnik, P. Olszewski-Kubilus et F.C. Worrel, « Rethinking Giftedness and Gifted Education : A Proposed Direction Forward Based on Psychological Science », *Psychological Science in Public Interest*, 12 (1), 2011, p. 3-54.

Accompagnateur de vie : la guidance parentale

Les études et tous les jeunes ou moins jeunes que je côtoie nous montrent que les surdoués vont bien. À condition d'avoir bénéficié d'un environnement favorable, chaleureux, enrichissant et aimant. Comme tout enfant d'ailleurs : les enfants victimes de problèmes psychologiques sont majoritairement ceux dont les parents sont moins à l'écoute[1], et l'enfant en sous-réalisation sociale et scolaire l'est principalement à cause de facteurs sociaux[2].

Sous réserve de se poser les bonnes questions, il n'est pas difficile, encore une fois, car il ne s'agit pas d'une pathologie, de conduire l'enfant surdoué sur le chemin de son épanouissement.

La première des choses est de lui parler, de lui expliquer qui il est vraiment. Il ne s'agit pas de lui attribuer une étiquette, et de le laisser ainsi. Surdoué ne veut rien dire en tant que tel. Il faut lui expliciter ce que cela recouvre.

Je reçois Paul et ses parents, en admiration devant lui, à un point tel qu'ils le laissent monopoliser la conversation – il n'a que 5 ans. Ils l'ont convaincu, sans jamais utiliser le terme d'enfant surdoué, qu'il était un génie, mieux que ses camarades, et que ces derniers étaient « bêtes » et ne valaient pas la peine d'être fréquentés. Ce n'est pas cela être surdoué.

---

1. *Écoutons ce que les enfants ont à nous dire : adolescents en France, le grand malaise. Consultation des 6-18 ans*, rapport de l'Unicef, 2014.

2. L.J. Coleman et T.L. Cross, « Social-Emotional Development and the Personal Experience of Giftedness », *in* K.A. Heller, F.J. Mönks, R.J. Sternberg et R.F. Subotnik, (dir.), *International Handbook of Giftedness and Talent*, 2e éd., New York, Elsevier, 2000, p. 203-212.

Il faut lui expliquer qu'il s'agit d'un fonctionnement différent, et de quelle manière il peut l'apprivoiser dans sa vie d'écolier, en classe et à la récréation. Il faut lui apprendre à répondre aux enseignants, en utilisant son propre cheminement. Enfin, il faut lui apprendre la vie en société, comment fonctionnent les autres et comment il va finalement pouvoir harmonieusement interagir avec eux.

Il aura besoin de ce cheminement durant toute sa vie.

Des élèves brillants ?

Pour de nombreuses personnes, l'enfant surdoué est un enfant qui réussit, qui se trouve en tête de classe et qui a des facilités. C'est là que le qualificatif « intellectuel » de la dénomination « *intellectuellement* précoce » ou « à haut potentiel *intellectuel* » entre pour beaucoup dans la méconnaissance de ces enfants. Il sous-entend qu'ils investissent particulièrement cette sphère intellectuelle, et se doivent donc d'y briller. Ainsi, leurs parents vont-ils leur en demander beaucoup, et plus encore : pour certains, l'enfant surdoué doit être le premier, car il en a les capacités. Lorsque je demande aux parents pourquoi ils veulent que leurs enfants aient toujours 20/20, la réponse est immanquablement : « Car ils en ont les capacités. »

Or qui dit que parce que vous en avez les capacités vous devez forcément briller ? Vous pouvez aussi choisir de mener des études raisonnables, sans effort, pour garder du temps.

Thomas en CM2 m'expliquait qu'il ne lui fallait que cinq minutes le soir pour faire ses devoirs, quand ils n'étaient pas faits en classe.

Ce sont en effet des enfants qui sont rapidement autonomes.

Pourquoi dès lors que leur « travail » d'enfant est effectué, leur contrat rempli, leur en demander plus ? Ils comprennent plus vite, et devraient donc pouvoir mettre à profit ce temps qu'ils dégagent pour une meilleure qualité de vie.

Ils savent se fixer des objectifs, en fonction de leurs aspirations du moment, se contenter de peu de travail, si c'est suffisant, et donner un coup de collier lorsque nécessaire, lorsque leur objectif change.

On me demande souvent s'il est mieux pour un enfant surdoué d'être scolarisé dans un établissement public ou dans un établissement spécifique.

La question est pour moi très personnelle et subjective, elle dépend de ce que vous, parents, souhaitez pour votre enfant[1].

Mon expérience cependant ne m'a jamais fait rencontrer un enfant, ou adolescent surdoué scolarisé dans un établissement spécifique, qui allait bien.

Pour plusieurs raisons : la première est qu'il semblerait que les enseignements focalisent sur la plus grande intelligence, et non la forme si particulière inhérente aux surdoués.

La deuxième est que, considérant qu'ils sont plus matures et raisonnables, on les laisse parfois libres de faire ce qu'ils veulent. Or ce ne sont que des enfants, dont peu souhaitent spontanément, comme tout un chacun, travailler.

Certains enfants me rapportent également une com-

1. A. Courtinat-Camps, M. de Léonardis et Y. Prêteur, « Formes du rapport au savoir chez des collégien(ne)s à haut potentiel intellectuel », *Neuropsychiatrie de l'enfance et de l'adolescence*, 59, 2011, p. 336-341.

paraison, dévalorisante et malsaine, de leur chiffre de QI. Ils commencent dès lors leur « métier » de surdoué, et en ont déjà fait leur sujet de prédilection[1].

Enfin intervient ce que l'on appelle l'effet du gros poisson dans un petit bocal ou du petit poisson dans un gros bocal[2] : par comparaison sociale, un élève scolarisé avec des étudiants aussi ou plus compétents que lui aura une plus mauvaise estime de ses compétences et une plus forte anxiété de performance[3] (petit poisson dans un gros bocal). S'il se trouve avec des jeunes autant ou moins compétents que lui, il aura une meilleure estime de lui. Cet effet est valable pour tous les enfants ; il l'est également pour les surdoués. D'un point de vue pédagogique, si le regroupement de surdoués semble permettre une réussite académique[4], elle est donc contrebalancée par la dévalorisation sociale et scolaire qui en découle[5], ainsi que par une plus forte anxiété de performance[6].

---

1. J. Freeman, *Gifted Children Grown Up*, Londres, David Fulton Publishers, 2001.
2. H.W. Marsh, « The Big-Fish-Little-Pond Effect on Academic Self-Concept », *Journal of Educational Psychology*, 79, 1987, p. 280-295.
3. M. Zeidner et E.J. Schleyer, « The Big-Fish-Little-Pond Effect for Academic Self-Concept, Test Anxiety, and School Grades in Gifted Children », *Contemporary Educational Psychology*, 24 (4), 1999, p. 305-329.
4. J.C. Valentine, D.L. DuBois et H. Cooper, « The Relation Between Self-Beliefs and Academic Achievement : A Systematic Review », *Educational Psychologist*, 39, 2004, p. 111-133.
5. J. Herrmann, I. Schmidt, U. Kessels et F. Preckel, « Big Fish in Big Ponds : Contrast and Assimilation Effects on Math and Verbal Self-Concepts of Students in Within-School Gifted Tracks », *British Journal of Educational Psychology*, 86, 2016, p. 222-240.
6. T. Goetz, F. Preckel, M. Zeidner et E. Schleyer, « Big Fish in Big Ponds : A Multilevel Analysis of Test Anxiety and Achieve-

On parle souvent concernant les surdoués de sous-réalisation et d'échec scolaire. Leur taux d'un tiers n'est pas supérieur à la moyenne nationale (27 %)[1].

La distinction entre les enfants surdoués qui réussissent et ceux qui ne réussissent pas n'est pas liée à la perception de leurs capacités, mais à leurs attitudes face à l'école, à leurs professeurs, à leurs motivations et leurs objectifs[2]. Autant de traits liés à leur environnement, ainsi qu'à leurs expériences antérieures[3].

Des adultes brillants ? Épanouis

Je crois qu'il faut, lorsque vous avez un enfant surdoué, vous demander ce que vous voulez pour lui, quel objectif vous poursuivez : en caricaturant, voulez-vous, non pas que les deux soient incompatibles bien sûr, en faire un « intello » ou qu'il soit « bien dans sa peau ? ». De même, il importe de préciser ce que l'on entend par des adultes brillants, qui ont réussi.

Selon la conception nord-américaine du surdouement, au-delà de l'intelligence, entre impérativement en ligne de compte l'accomplissement d'un talent personnel, qu'il s'agisse de musique, d'art, de sciences, de

---

ment in Special Gifted Classes », *Anxiety Stress Coping*, 21 (2), 2008, p. 185-198.

1. S. Field, M. Kuczera et B. Pont, *En finir avec l'échec scolaire. Dix mesures pour une éducation équitable*, rapport de l'OCDE, 2007.

2. B. McCoach et Del Siegle (2003), « Factors That Differentiate Underachieving Gifted Students From High-Achieving Gifted Students », *Gifted Child Quarterly*, 47, 2, 2003, p. 144-154.

3. Pour une revue, voir C. Cuche, A.-S. Genicot, I. Goldschmidt et G. Van De Moortele, « L'engagement scolaire des jeunes à hauts potentiels : rôle de la relation avec les enseignants et les pairs », *Enfance*, 2010, 1, 2010, p. 111-128.

cuisine, ou de quoi que ce soit qui exprime le potentiel de votre enfant ou ses multiples capacités.

Car si l'enfant surdoué peut être brillant, ce n'est pas parce qu'il l'aura été qu'il aura une vie brillante[1]. En effet, lorsque l'on s'intéresse au devenir d'enfants ayant été identifiés comme surdoués, l'on s'aperçoit qu'ils occupent tous types de professions, d'artisans à dirigeants d'entreprise en passant par des professions artistiques ou libérales[2].

À l'inverse, des personnalités connues, hommes politiques, dirigeants de grands groupes, célébrités… n'ont pas forcément eu une enfance scolairement brillante[3].

De plus, la réussite sociale passe souvent par une constance professionnelle et il est conseillé de passer au moins deux ans à un poste pour postuler au poste supérieur. Or le surdoué, qui va plus vite que les autres, a rapidement fait le tour de ce qui lui est possible, et il lui est difficile de rester plusieurs années à occuper une même fonction. Nous verrons plus loin comment pallier cette difficulté.

Par ailleurs, le surdoué, multicompétent, et donc s'intéressant à de nombreux domaines, est-il souvent comme le chat à neuf vies : il n'a pas une carrière linéaire, mais peut passer d'un cœur de métier à un autre lorsque sa motivation s'émousse : il ne s'agit pas là de dispersion, mais de son efficacité propre.

---

1. J. Freeman, *What Happens When Gifted Children Grow Up ?*, *op. cit.*

2. D.K. Simonton, « Genius and Giftedness : Same or Different ? », *in* K.A. Heller, F.J. Mönks, R.J. Sternberg et R.F. Subotnik, (dir.), *International Handbook of Giftedness and Talent*, *op. cit.*, p. 111-121.

3. M. Pereira-Fradin, « La variabilité intra-individuelle chez les enfants à haut potentiel intellectuel », *Psychologie française*, 49, 2004, p. 253-266.

Surdoué certes, mais singulier et unique

Le portrait que je brosse depuis un moment déjà n'est qu'un portrait-robot de qui sont les surdoués. J'essaye de le rendre le plus vivant possible par les exemples que j'emprunte aux personnes que j'ai rencontrées.

Que vous partagiez entre vous une communauté de fonctionnement est une réalité. Que vous soyez tous semblables est une hérésie.

« Tous les surdoués » font ci ou ça n'a aucun fondement.

Car vous êtes, comme tout un chacun, unique.

Vous n'êtes pas parfait et vous pouvez vous mettre en colère (noire d'ailleurs), être heureux ou malheureux, ressentir des émotions négatives et ne pas les gérer, être en harmonie avec vous-même parfois, puis plus généralement : vous êtes humain. À ce titre vous partagez plus avec vos semblables, les autres humains, qu'avec vos pairs surdoués. Être surdoué n'est pas une garantie d'entente entre personnes.

Vos valeurs sont ainsi sujettes aux événements de vie que vous traverserez, et seront confrontées à la tempête de vos émotions, restant parfois à l'état de mots, parfois déclinées.

Vous aurez de grandes aspirations que vous réaliserez un jour, et mettrez de côté un autre jour, au gré de votre fantaisie et de vos priorités, des responsabilités qui seront les vôtres un jour ou l'autre.

Vous serez aussi différent de vous-même à différents moments clefs de votre vie que vous serez différent de quelqu'un d'autre.

Car votre vie, loin d'être linéaire, sera le reflet de votre personnalité, multiple.

Surdoué ou chat à neuf vies

Lorsque les jeunes me parlent de leurs problèmes à choisir une voie, LA voie, je leur explique qu'ils en auront autant qu'ils ont de projets et d'envies.

Qu'ils commenceront par un type de carrière, à laquelle ils mettront leur touche personnelle pour en faire la leur, et qui les entraînera quelque part ailleurs, vers un autre projet, une autre vie.

Votre carrière est ainsi rarement linéaire, et vous avez pris des circonvolutions pour arriver où vous êtes aujourd'hui. D'ingénieur agronome, vous êtes devenu informaticien, puis responsable marketing, formateur, chargé de communication, artiste plasticien, professeur d'arts plastiques en lycée, responsable d'un atelier d'écriture, médiateur familial et enfin professeur des écoles.

Vous auriez voulu, et voulez parfois encore être architecte, médecin, enseignant, chercheur, astronome, aventurier, faire du commerce ou du marketing, être musicien, pilote de course, travailler dans la décoration, les fleurs, la restauration, la gastronomie, concevoir des logiciels, écrire des livres, etc. Tout cela vous intéresse et, puisque cela vous intéresse, vous savez que vous en avez les capacités.

Sophie est pédiatre. Elle vient d'être nommée chef de clinique et a déjà révolutionné son service en écrivant un petit guide « universel » de prise en charge des enfants lorsqu'ils arrivent aux urgences. C'est son côté perfectionniste : « Tous les services devraient avoir un protocole et expliquer aux nouveaux comment faire. Cela n'existait pas, je l'ai fait. » Elle rêve d'être spacionaute, se dit qu'elle n'a pas le temps (elle a des jumeaux de moins de deux ans). « Mon mari me soutient. Je sais que j'en ai les capacités. Il faut juste que je postule à l'agence spatiale européenne, ils recrutent en ce moment. Je sais que mon profil de scientifique et de médecin peut leur parler. J'en meurs d'envie... »

Le moment venu, je n'ai aucun doute qu'elle envoie sa candidature, qui la mènera... ailleurs.

Ailleurs, cet ailleurs que vous ne savez pas anticiper, mais où vous vous trouverez bien, différemment, mais bien.

De même que vous pouvez (c'est l'aspect grand écart) apprécier un repas chez McDo autant qu'un repas dans un restaurant étoilé. Même si c'est caricatural, c'est une réalité : vous n'y attendez pas les mêmes prestations et n'y allez pas pour les mêmes raisons. De même pour l'aspect professionnel de votre vie, vous pouvez apprécier un moment un type de métier et son contraire quelques années plus tard.

Vous pouvez avoir une carrière brillante à un moment et, vos priorités ayant changé, avoir une carrière plus « terne » mais qui vous conviendra tout autant.

Denis a eu une carrière brillante de chercheur en sociologie. À la naissance de ses garçons, il a décidé de devenir père au foyer : « J'avais besoin de les voir grandir, de m'occuper d'eux, de m'assurer que tout allait bien, de leur permettre de souffler en rentrant déjeuner à la maison, de faire en sorte qu'ils aient les activités qu'ils souhaitaient, qu'ils puissent inviter les copains et être invités en retour, suivre leur scolarité, m'investir dans la vie du collège... J'ai donc mis ma carrière entre parenthèses. Elle repartira plus tard, ou pas. Je rebondirai le moment venu. J'ai confiance. »

Un accompagnement ponctuel

Si être surdoué n'est pas une pathologie, on entend souvent que « les » surdoués ont des problèmes scolaires, des problèmes relationnels, montrent des traits autistiques...

Être surdoué ne veut pas dire aller mal, bien au contraire.

Alors pourquoi ces certitudes mille fois rabâchées ? Serinées par ceux qui vont mal, qui ont fait leur métier[1] de cette étiquette de surdoué, dont c'est devenu le sujet de conversation privilégié et leur raison d'être. Ils s'expriment dans des blogs, des associations ou des témoignages aussi vendeurs que ne reflétant pas une réalité générale et universelle mais une réalité particulière, ils sont ceux que nous recevons et dont certains collègues se font le porte-parole. En occultant cette réalité, tout autant répétée : le surdouement n'est pas une pathologie.

Alors ?

Les surdoués sont des personnes qui, par définition, vont bien. Comme tout un chacun, leur épanouissement repose sur une conjonction de facteurs : un accompagnement par les parents, parents d'un enfant avant d'être parents d'un enfant surdoué, à l'écoute de leur enfant, et prêts à satisfaire ses besoins. Un environnement chaleureux, source de bien-être, de compréhension et du développement d'une bonne estime de soi.

Si cela est vrai pour tous, ce l'est encore plus pour un enfant surdoué.

Ceux qui n'ont pas bénéficié de cet environnement épanouissant peuvent développer des troubles, des problèmes ou des problématiques et surtout présenter des

1. J. Freeman, *Gifted Children Grown Up*, *op. cit.*

problématiques communes à tous, personne n'étant à l'abri, un jour, de se casser la jambe, de développer une gastro-entérite, ou leurs équivalents psychologiques.

La prise en charge doit impérativement tenir compte de votre fonctionnement particulier. Si les outils que j'utilise pour vous accompagner sont ceux, classiques, de ma pratique en thérapies comportementales cognitives et intégratives, leur mise en œuvre va être différente.

Il faut tenir compte de votre vision globale, de votre intuition, de votre impossibilité à effectuer une tâche routinière, de votre besoin de sens et de compréhension. Ainsi, je vous expliciterai le pourquoi du comment, les tenants et aboutissants de votre pathologie, tout en vous laissant le temps de digérer les informations et la « notice » des outils que je mets à votre disposition. Ainsi outillé, vous laissez votre cerveau faire son travail tout seul, en bruit de fond. Pour cela, il vous faut du temps entre les rendez-vous, qui ne doivent donc pas être trop rapprochés.

Jérémie vient me voir pour une dépression. Pendant les quelques mois de cheminement que nous ferons ensemble, pas une fois je ne prononcerai le terme de surdoué, il n'en a pas besoin. En revanche, je lui expliciterai son fonctionnement et lui apprendrai à en tirer parti, en m'appuyant sur les situations de sa vie quotidienne, sur ses événements de vie.

Tenir compte de vous veut également dire se mettre à votre place et s'adapter à vos mécanismes. Il est indispensable, par exemple, d'avoir une vision globale de votre vie pour pouvoir vous proposer un meilleur accompagnement.

Je recevais Ania pour des problèmes de procrastination. Elle m'explique qu'elle se lance dans une reconversion professionnelle pour devenir éleveuse de canards.

Elle a suivi la formation nécessaire et doit passer l'examen final qui lui délivrera l'autorisation de se porter acquéreur de terrains agricoles.

Je la questionne sur sa vie, elle me répond avec réticences (elle est venue chercher de l'aide pour réussir à réviser son examen) sur ses projets, leurs échéances, leur devenir si elle échoue à sa formation, ses moyens financiers…

Ania n'est venue chercher qu'un outil ponctuel que je ne pourrai pas le lui donner : sa solution réside dans une équation plus globale. En effet, même si elle réussissait à passer son examen, elle ne pourrait pas monter son projet avant de nombreuses années, car ses finances se trouvent dans un autre pays, où elles sont bloquées en attendant le dénouement d'une succession, et elle doit encore exercer son activité première pendant au moins trois ans.

Autant de raisons de ne pas réviser, et il lui faut contourner ces obstacles pour y parvenir.

6
Un quotidien merveilleux

La vie des surdoués est sous le signe de l'accomplissement : ils ont besoin de comprendre le monde qui les entoure, les autres ainsi que leur environnement ; besoin de pouvoir donner du sens à leurs actes, de toujours chercher des solutions pour avancer et faire avancer les autres...

Autant de caractéristiques que, me semble-t-il, tous devraient viser.

Connaissance, acceptation, assumation

Cela n'étant pas le cas, les surdoués doivent faire avec cette réalité, sociale, et ce n'est pas simple. Ils doivent faire avec l'imperfection d'un monde qui pourrait être parfait, ne serait la réalité qui l'en éloigne.

Ils doivent donc savoir qui ils sont, au-delà d'un simple mot, savoir comment leurs spécificités se déclinent au quotidien pour un fonctionnement harmonieux.

Certains le savent depuis toujours et ont su en tirer parti naturellement. D'autres ont besoin d'un court cheminement afin d'y parvenir.

Cela veut dire relire votre histoire, revoir les événements de votre vie, avec ces lunettes que sont la connaissance du surdouement.

Vous prendrez ainsi conscience que ce que vous avez toujours su est approprié pour vous : j'ai pour habitude de dire aux personnes que je reçois que tout ce que je leur explique, tout ce que vous lisez sur le surdouement ne constitue pas un « scoop ». Vous le savez ou le sentez. Ce qui est nouveau pour vous, c'est de le « savoir noir sur blanc ». Que quelqu'un vous décrive précisément ce que vous n'avez jamais dit à personne.

Il vous faut maintenant aller plus loin dans la direction du bien-être et accepter ces caractéristiques qui vous constituent, car il s'agit d'une différence fondamentale, neurophysiologique, et tout ce que vous pourrez y faire n'y changera rien… sauf vous sentir mal.

Accepter ne veut pas dire être mieux, ou moins bien, que les autres. Cela veut dire savoir qui vous êtes, savoir qui sont les autres, afin d'en tirer le meilleur parti.

C'est ce que vous ferez en assumant votre personnalité avec ses atouts et ses faiblesses. Là encore, assumer ne veut pas dire penser que vous êtes mieux que les autres. Je reçois souvent des personnes faisant partie d'associations qui me disent : « Comme nous sommes surdoués, c'est-à-dire plus intelligents, c'est bien aux autres de venir nous chercher ; de toute façon ils sont bêtes, vous êtes bien d'accord, et ils n'ont qu'à reconnaître notre supériorité, alors nous ferons l'effort d'aller vers eux. » Non, je ne suis pas d'accord, car ils ont mis de côté, du fait de leur souffrance, et je le comprends bien, leur humanité, leur empathie et leurs similarités avec leurs frères. Ils oublient justement que plus intelligent ne veut pas dire meilleur. Cela veut dire, peut-être davantage encore, avoir une plus grande responsabilité, de par leur conscience plus aiguë, et leur compréhension globale, de bienveillance envers le monde qui les entoure.

Assumer, cela revient à savoir qui vous êtes, qui sont les autres et à créer des ponts avec eux, en s'adaptant à leur personnalité. Et soyez persuadé que tous autour de vous savent que vous êtes différent ; ils ne savent pas à quoi correspond précisément cette différence, mais ils la perçoivent.

« M'adapter ! Je ne fais que ça depuis que je suis né », entends-je souvent.

Vous confondez « mimétisme » et « adaptation ».

Dans le premier cas, vous tâchez de ressembler aux autres, en oubliant qui vous êtes ; dans le second, vous adaptez votre posture à vos interlocuteurs : vous tenez compte de qui ils sont pour faire en sorte que la communication soit harmonieuse. C'est ce que font la majorité des surdoués.

Best friends forever

Vous êtes souvent moteur, force de proposition et, contrairement à ce que l'on entend souvent dire, les surdoués sont plutôt sociables. En effet, comprenant bien leurs pairs grâce à leur intelligence émotionnelle et leur empathie, ils aiment aller vers eux.

Il est vrai que je reçois des enfants isolés des autres à l'école, n'ayant que peu ou pas de relations sociales. Sans jeter la pierre aux parents, leur responsabilité est cependant engagée, de plusieurs manières. La première est que souvent les parents, débordés eux-mêmes, ne prennent pas le temps d'inviter des copains. La deuxième est qu'il faut apprendre aux enfants les relations sociales. Je suis perplexe lorsqu'on me parle du côté social de la crèche, qui pour moi n'en est pas un : on prétend que les enfants ayant été en crèche sauront mieux interagir avec les autres enfants. Il n'en est rien, car vivant en milieu clos, toujours avec les mêmes enfants, ils n'ont pas l'occasion de faire de nouvelles connaissances et tout se passe donc, lorsqu'ils arrivent à l'école, comme s'ils entraient en milieu étranger, entourés d'étrangers.

Il faut apprendre aux enfants à entrer en contact avec les autres, à dire bonjour, à demander à partager un jeu, à prêter ses jouets, à apprécier les autres pour ce qu'ils sont… autant de pistes que les parents d'aujourd'hui ont un peu désinvesties.

Il n'est pas rare, par ailleurs, que les enfants me disent : « Non, je ne joue pas avec les autres, car ils sont trop bêtes ! » Lorsque je demande s'ils le disent ainsi, certains me répondent par l'affirmative, d'autres me disent qu'ils le font sentir.

Enfin, je me souviens de ce papa qui m'expliquait que son fils de 8 ans connaissait déjà le concept des exponentielles, et que donc ses camarades étaient passablement retardés et ne pouvaient interagir avec son fils. Cet enfant n'avait pas eu connaissance tout seul de ce concept, j'en reviens à ce que je disais précédemment : tout dépend de vos objectifs en matière scolaire, pourquoi voulez-vous que votre enfant soit toujours premier de classe et en avance sur les autres ?

La maman de Jeanne me disait que la psychologue scolaire, qu'elle avait rencontrée pour faire reconnaître le surdouement de sa fille, lui avait proposé un saut de classe qu'elle avait refusé : « Vous comprenez, ma fille n'a maintenant besoin que de quelques minutes par jour pour faire ses devoirs, voire de rien du tout, et cela lui laisse du temps pour elle, et elle en a absolument besoin ; si je lui fais sauter une classe, même si elle en a les capacités, il est possible qu'il lui faille travailler plus et avoir moins de temps. On verra plus tard. Pour l'instant, mon objectif est son bien-être, et tant qu'elle réussit ainsi, cela me va. »

Car la réalité est également celle-ci : vous avez besoin de temps de solitude, de temps pour souffler, pour rester à rêvasser, à pratiquer vos activités, à être tranquillement chez vous.

D'autant que, parfois, il vous pèse de toujours être celui à l'initiative des sorties, à appeler les amis pour prendre de leurs nouvelles, à les inviter à des soirées souvent réussies.

Le revers de la médaille est qu'il vous arrive de trouver que c'est toujours à sens unique, que l'on ne vous rend pas souvent la pareille et vous risquez ainsi de vous lasser de vos amis.

Prenez-les comme ils sont, avec ce qu'ils peuvent vous apporter, et n'attendez pas d'eux la même chose que vous faites pour eux : ils n'en ont pas la capacité, et ce n'est pas péjoratif, c'est simplement un fait.

Vous avez souvent des groupes d'amis car, riche comme vous l'êtes et curieux de tout, il est plus rare de rencontrer des gens ayant la même richesse ou, en tout état de cause, partageant tous vos centres d'intérêt. Avoir ainsi un groupe d'amis de théâtre, un groupe d'amis de sport, un groupe d'amis de musées, un groupe d'amis de soirées, un groupe d'amis de vacances, etc., vous permet de concilier vos goûts sans être déçu de ne pas trouver de répondant chez vos interlocuteurs. Sachant, bien entendu, que vous pouvez réunir certains amis des différents groupes.

« C'est toujours passionnant de venir chez Anne, d'une part car c'est une amie, d'autre part parce qu'elle a l'art de réunir des personnes intéressantes, et on a ainsi des conversations enrichissantes… »

Car enrichissantes, les conversations se doivent de l'être pour vous qui avez du mal avec la routine, et les

… tites conversations » peuvent être pour vous dépourvues d'intérêt.

Oui et non.

Dépourvues d'intérêt intrinsèque : elles ne sont pas intellectuellement satisfaisantes.

Présentant toutefois un intérêt : elles parlent d'une personne que vous aimez et pour qui vous avez de l'intérêt. À ce titre vous savez écouter, parce que l'intérêt est autre, il est pour la personne, pas pour le sujet.

Trop souvent les personnes que je reçois me disent ne pas supporter ces petites conversations, sauf lorsque je parle de leur famille, elles me disent bien qu'elles le font parce qu'elles les aiment.

Alors oui, vous avez aussi cette capacité de vous évader lorsque vous trouvez le temps long autour du petit dernier que tous admirent. Ce qui vous donne l'impression d'être toujours décalé, jamais présent. Présent, vous l'êtes, à votre façon : maintenant, ici et ailleurs. Et c'est très bien ainsi.

Car n'oubliez jamais que pour investir le monde vous devez toujours le faire à votre façon.

Assumez-le en utilisant une phrase passe-partout du genre : « Oui, vous me connaissez, des fois je décroche, mais je suis quand même là, intéressé par ce que vous me dites. »

Vous avez plutôt tendance à être fidèle en amitié, à être tolérant et prenez vos amis comme ils sont. Lorsque vous donnez votre parole, vous ferez tout, et même plus, pour la tenir envers et contre tout. Caroline, 9 ans, et un copain de plage s'étaient donnés rendez-vous pour l'après-midi. Malheureusement la météo n'a pas été de leur côté, et il pleuvait sans discontinuer. Caroline voulait quand même honorer son rendez-vous, et ses parents de lui expliquer que son ami ne serait pas venu, que les circonstances permettaient de ne pas tenir sa parole. « Lui, il n'est pas comme ça ! » s'entêtait la fillette.

Il peut ainsi vous être difficile d'accepter que les événements, des aléas indépendants de votre volonté, puissent aller à l'encontre de vos valeurs.

Utilisez votre empathie pour percevoir que vos interlocuteurs sont capables de comprendre ce que vous vivez, et n'oubliez pas que vous faites partie de la gent humaine et, à ce titre, partagez des comportements similaires avec eux.

Une fois cela accepté, ne laissez pas votre culpabilité, liée à votre mémoire, prendre le dessus. Rodolphe était très lié à Jean, avec qui il passait beaucoup de temps, allant au cinéma, au théâtre, ou discutant des soirées entières. Suite à un problème de santé, Rodolphe ne lui a plus donné signe de vie pendant plusieurs mois. Quand il a été mieux, sa culpabilité a été telle qu'il n'a jamais osé recontacter Jean. Il s'en souvient des années après et y repense toujours avec un pincement au cœur.

Interviennent encore ici vos valeurs qui, si vous jugez avoir mal agi, risquent de ne plus vous laisser en paix, et vous conduire à rompre une amitié.

Encore un stéréotype lié, non pas au surdouement, mais à une difficulté personnelle d'adaptation : le fait que « les » surdoués rompent une amitié dès que leur ami, ou pseudo-ami, a un comportement qu'ils jugent inacceptable. Ce n'est pas exact, car la tolérance, la compréhension, l'empathie et la perception émotionnelle des autres prennent le pas sur les valeurs, au risque de vous mettre vous-même en difficulté.

Claire, 10 ans, doit classer, pour son devoir d'anglais, des caractéristiques de personnalité en « bonnes » ou « mauvaises ». Elle ne voit pas ce qui lui permet de dire qu'un trait de caractère est bon ou mauvais. Son père, essayant de l'aider, lui demande ce qu'elle aime chez ses amies, et ce qu'elle n'aime pas. Encore plus perplexe que précédemment, elle lui répond : « Ce sont mes amies, je ne peux pas dire ce que j'aime ou ce que je n'aime pas chez elle, car ce sont mes amies. »

À ce titre, vous faites confiance aux gens que vous rencontrez et avez parfois du mal à imaginer qu'ils vous feraient volontairement du mal. Et vous avez raison, car l'un des moteurs des comportements est la souffrance que nous ressentons. Je prends toujours l'exemple de quelqu'un qui viendrait de se cogner, aurait mal au bras et prendrait le métro aux heures de pointe. Si vous vous faites bousculer, vous allez crier parce que vous avez mal, voire injurier le « malotru qui n'a pas regardé devant lui », alors qu'il n'y est pour rien : ce qui vous fait crier est uniquement votre souffrance interne. Il en va de même pour la souffrance morale (colère, tristesse, peur, etc.). Encore une fois, vous savez, grâce à vos antennes émotionnelles, que vos amis ne sont pas machiavéliques.

Cherche prince charmant : jeune, beau, riche, intelligent, bien sous tous rapports… l'Amour avec un grand A

Pour des personnes entières, les relations sentimentales revêtent un caractère quasi sacré : c'est la quête de l'Amour, du prince charmant et de la belle princesse.

De même qu'ils sont fiables en amitié, leur amour est sincère et durable : lorsqu'ils disent « je t'aime », ils ne le pensent pas uniquement au moment où ils le disent, mais c'est pour eux un engagement.

Ils sont passionnés et sont de grands amoureux.

Faisant confiance à leurs pairs, ils sont souvent dépités, ne comprenant pas que l'on puisse changer d'avis aussi radicalement. Delphine vient me voir, dévastée. Elle et son compagnon sont revenus de vacances deux semaines auparavant. Le lendemain, il lui fait porter un bouquet de fleurs, assorti d'une déclaration d'amour. Le jour suivant, il lui envoie un SMS lui disant qu'il ne l'aime plus et qu'il ne veut plus la voir.

Au-delà de la douleur, Delphine ne comprend pas comment Thierry a pu un jour lui déclarer sa flamme et le lendemain la rejeter aussi violemment.

Je lui explique qu'il n'a jamais dû être capable de lui exprimer les moments qui n'allaient pas. « Non car lorsque je le voyais triste et lui demandais ce qu'il avait, il me répondait que c'était le travail, que sinon tout allait bien. »

Accumulant des frustrations, sans possibilité de les résoudre, Thierry est arrivé à saturation et, plutôt que de s'expliquer, ce dont il n'est pas capable, il rompt brutalement.

Delphine en aura confirmation quelques jours plus tard lorsqu'il lui dira : « Oui, je te disais que c'était le boulot, mais ce n'était pas vrai et tu n'avais qu'à voir ! Si tu n'as rien vu, c'est que tu ne le voulais pas. Tu es autant responsable que moi. »

Non, mille fois non. Si on pose la question et que la réponse est que tout va bien, que l'on fait confiance à son conjoint, il n'y a aucune raison de mettre en doute sa parole. Quant à la responsabilité, elle est effectivement souvent partagée dans une rupture, mais pas dans ce type de séparation, où elle incombe entièrement à celui qui n'est pas capable de parler pour résoudre les problèmes.

Les surdoués sont toujours atterrés dans les divorces et les séparations devant la violence qui se déchaîne entre deux personnes qui ont été si proches. S'ils s'écoutaient, ils seraient prêts à abandonner leurs droits pour que tout se passe bien.

Ce qu'ils font d'ailleurs au lieu de se battre pour « gagner leur conjoint » sur un rival. Partant de l'idée que le bonheur des autres est primordial, ils préfèrent perdre leur conjoint et que celui-ci soit heureux sans eux, plutôt que d'être malheureux avec eux, et eux malheureux par ricochet.

Faisant confiance, et s'engageant à fond dans chaque nouvelle relation, ils peuvent être la proie de manipulateurs qui jouent au chat et à la souris avec eux, jusqu'au jour où, par lassitude et saturation, ils arrivent à mettre le holà.

Étant facilement pris par leurs sentiments, ils en oublient d'écouter leur petite voix, leur intuition qui peut leur dire si la personne rencontrée leur correspond. À cela s'ajoutent deux injonctions sociales : on ne juge pas au premier regard, et on doit laisser le bénéfice du doute aux personnes que l'on rencontre.

Oui, mais… Encore une fois, cela est valable pour les autres qui ne disposent pas des capacités de votre cerveau pour juger, faire le tri dans les méandres des informations pour ne conserver que les pertinentes, trouver la solution qui vous est adaptée, le tout dans un non-conscient que vous refusez dans ce domaine sensible. Personne en effet n'a envie d'écouter sa petite voix lorsqu'elle vous déconseille « d'y aller » et que vous êtes, ou en passe d'être, amoureux. Cela demande beaucoup de force.

Oui, mais… *a posteriori*, tous les surdoués me disent bien avoir eu un doute, petit ou gros, sur leur compagnon, mais n'en ont pas tenu compte.

Bérénice se souvient de la première fois qu'elle a rencontré David, un ami d'une amie. « Il était imbuvable, coincé, imbu de lui-même, monopolisant la parole. Puis je l'ai revu, au mariage de ma copine nous étions à la même table, et il était devenu sympathique, rigolo, intéressant.

Je me suis laissée aller. Au cours des mois qui ont suivi, je me suis rendu compte qu'il était plus fidèle à ma première idée qu'à la suivante. Nous ne nous correspondions pas. »

Un autre écueil tient à votre plus grande intelligence, au fait que votre conjoint puisse vous porter en quelque sorte aux nues, voire vous déifier (c'est un mot qui revient souvent).

De la même façon, l'on vous traite souvent de Monsieur ou Madame Je-sais-tout.

Revient régulièrement la question du couple et de savoir si les surdoués peuvent passer leur vie avec un conjoint. La réponse ne tient pas au surdouement mais à la personnalité des protagonistes, et mon expérience m'a montré autant de réussites et d'échecs sentimentaux que chez les non-surdoués.

On me demande souvent ce que sont les couples qui fonctionnent, s'il vaut mieux un couple de deux surdoués ou un couple mixte.

La réponse est inexistante, du fait du non-sens de la question : cela a trait à la personnalité des deux conjoints, pas à leurs caractéristiques personnelles. Un couple qui « marche » est un couple dans lequel les deux personnes s'acceptent comme elles sont, l'une et l'autre, sans volonté de changer son compagnon ou sa compagne.

Ceci est le premier écueil : voir votre conjoint comme il serait/sera lorsqu'il aurait/aura évolué, percevoir avec vos sens aiguisés, votre empathie, votre vision globale et votre capacité à anticiper, le potentiel qu'il recèle.

En ce sens vous ne percevez pas la réalité, mais le futur, qui peut s'avérer un trompe-l'œil.

Vous connaissez votre conjoint, mais refusez de le voir tel qu'il est, aujourd'hui, pour voir ce qu'il sera peut-être demain.

Le deuxième écueil peut être celui de la communication, comme dans nombre de couples.

Je recevais Damien et Sylvia, justement pour ce problème. Damien prétendait qu'elle ne l'écoutait jamais quand Sylvia jurait le contraire et assurait qu'il ne comprenait rien.

« La dernière fois, par exemple, je lui dis de regarder le vol de canards, et elle répond que ce sera une année à fruits ! » Et Sylvia de ne pas voir où il y avait problème. Et moi de répondre en regardant Sylvia : « En effet, c'est évident : les canards sont de retour – il est plus tôt en saison que les autres années – c'est qu'il fait chaud – la saison sera belle – les fruits auront du soleil – ce sera une année à fruits. »

La question ici, comme pour de nombreux couples, est bien encore celle de l'acceptation du conjoint tel qu'il est et de la confiance que vous lui accordez : s'il vous dit quelque chose, c'est qu'il a des raisons autres que de ne pas s'intéresser à vous.

Enfin, ayant besoin d'un espace pour souffler, il peut arriver que les surdoués s'oublient pour le bien du couple.

Les problématiques que l'on rencontre sont finalement liées à une méconnaissance de son propre fonctionnement ou de celui de son conjoint, et j'en reviens à l'indispensable triade connaissance-acceptation-assumation.

Louis m'expliquait que son épouse lui faisait la vie dure afin qu'il fasse les travaux de bricolage indispensables dans une maison : « Je traîne, je traîne, et ne fais rien, alors elle me harcèle encore et encore – au figuré bien sûr – et je ne fais toujours rien, jusqu'au moment où je m'y mets et termine tout dans la journée. » Sachant que la mémoire des surdoués[1] ne nécessite qu'une répé-

1. J. Fletcher, M. T. Maybery et S. Bennett, « Implicit Learning Differences : A Question of Developmental Level ? », *Journal of*

tition, s'il ne le fait pas, ce n'est pas qu'il a oublié mais que ce n'est pas le bon moment pour lui.

La connaissance de l'autre est fondamentale pour percevoir qu'il ne procrastine pas, qu'il ne fait pas exprès de ne rien faire, mais qu'il fait les choses au seul moment possible, et surtout faisable, pour lui.

On retrouvera encore ici, décliné dans les relations de couple, l'idée de leadership : vous êtes moteur et décidez de tout, mais cela peut finir par vous peser jusqu'à ce que vous en vouliez à votre conjoint. Au contraire, votre conjoint, n'attendant pas que ce soit le moment pour vous de faire les choses, les fera à votre place, en risquant de vous en tenir rigueur.

Alain m'explique : « Elle fait tout dans la maison, et ne me laisse rien faire ; lorsque je lui dis que je veux bien m'occuper des devoirs des garçons, elle me dit que ce ne sont que des paroles, car je ne fais jamais rien. Peut-être, mais elle ne me laisse pas faire à ma façon, alors je la laisse faire, mais si elle me sollicite, je suis là. »

Acceptation et confiance, confiance et acceptation... encore et encore.

Les études : ne rien choisir et tout s'autoriser

Le plus difficile, je crois, pour les jeunes, est de s'autoriser la liberté de fonctionner à leur façon. Il leur est difficile de se trouver légitimes à ne pas être studieux, dans le sens traditionnel du terme.

Bien accompagnés par leur famille, l'environnement scolaire et surtout leur confiance en eux, c'est quelque chose qu'ils mettent en place vers l'adolescence.

Experimental Psychology : Learning, Memory and Cognition, 26 (1), 2000, p. 246-252.

Adolescence où les premiers choix doivent s'effectuer pour leur orientation. Mis à part ceux qui ont une passion, une direction incontournable depuis longtemps, et savent que c'est ce potentiel qu'ils veulent exprimer et qu'ils expriment probablement déjà, pour les autres cela devient un moment compliqué. Car qui dit choix, dit abandon de ce qui n'est pas choisi. Et pour un adolescent multipotent, c'est source de frustrations et de renoncements.

Aussi je leur conseille à tous de ne pas choisir, partant de l'idée qu'ils vont commencer par une voie, celle qui est la plus opportune à ce moment de leur vie, et qu'ils en changeront au gré de leurs envies et de leurs orientations professionnelles ultérieures.

Il est en effet impossible de choisir de manière exhaustive, sans disposer de toutes les informations possibles, ce dont un surdoué a besoin. Ce faisant, vous court-circuitez l'idée – qui n'en est pas une – du bon choix, le seul, l'unique, qui vous corresponde. Car avec une vision globale, le grand écart permanent dans vos choix et votre ouverture d'esprit, il vous est impossible de vous cantonner à une possibilité routinière pour votre vie entière.

Les études proprement dites reprennent la même idée que l'école : ce n'est pas intéressant (entendez, ce n'est pas là que vous acquerrez toutes les connaissances dont vous rêvez), mais ce n'est ni compliqué ni fastidieux. Ce n'est pas là non plus que l'on vous demandera de produire une pensée créative et neuve. Alors ne tombez pas dans le piège de l'inintérêt et focalisez-vous plutôt sur le diplôme que vous visez et qui, lui, vous permettra ensuite de fonctionner à votre façon.

Une famille parfaite

La famille est sous le signe de l'exigence, que vous soyez vous, parent, surdoué, ou que votre enfant le soit.

La première évidence est que vous êtes parent avant d'être surdoué, ou parent d'un enfant (tout court) avant d'être parent d'un enfant surdoué.

Ce qui veut dire qu'il ne vous faut jamais oublier votre rôle de parent, qui est d'accompagner votre enfant sur le chemin qui fera de lui une grande personne épanouie.

Pour cela, vous vous devez d'être à son écoute et de tenir compte de ses besoins[1].

Avoir un enfant surdoué implique de l'accompagner plus encore que n'importe quel enfant sur le chemin qui est le sien. Cela implique de connaître ce chemin afin de le lui expliciter. Votre rôle de parent[2] est un peu celui d'un mentor qui doit l'enrichir, l'aider à s'épanouir, lui apprendre qui il est, lui permettre d'exprimer ses valeurs humaines et éthiques, lui permettre de développer des relations harmonieuses avec les autres, expliquer son fonctionnement aux autres. Si vous n'êtes pas surdoué, il vous faudra adopter cette posture, en vous faisant aider, le cas échéant.

Si vous êtes vous-même surdoué, c'est une posture que vous aurez naturellement, que votre enfant le soit ou non lui-même.

Ne nous voilons pas la face, les relations avec votre enfant risquent d'être explosives, par sensibilité, exigence, impatience et… personnalité propre.

---

1. Je vous renvoie à mes deux derniers livres sur les enfants : *L'Enfant précoce au quotidien. Tous mes conseils pour lui simplifier la vie à l'école et à la maison*, Paris, Payot, 2015 ; et *Le Burn-out des enfants. Et si on leur en demandait trop ?*, Paris, Payot, coll. « Petite Bibliothèque Payot », 2017.

2. J. Freeman, « Mentoring Gifted Pupils : An International View », *Educating Able Children*, 5, 2001, p. 6-12.

L'impatience de devoir répéter mille fois à un enfant vous fait exploser. Mais vous privilégiez la réconciliation, en sachant vous excuser.

C'est aussi l'impatience de votre enfant quand vous ne comprenez pas au quart de tour ce qu'il vous suggère à demi-mot, et vous envoie un « laisse tomber » vous renvoyant au rôle de « vieux croûton » dont vous ne voulez pas.

C'est l'empathie en réponse aux émotions de votre enfant, ou la sienne en miroir de vos émotions : vous vous retrouvez tous deux agacés, énervés, fatigués, en colère, sans savoir si ce sont vos émotions propres ou celles de l'autre. Tom me disait se mettre dans des états de nerfs exagérés en même temps que sa fille de 5 ans : « Je me suis posé la question si j'étais en tension parce qu'elle l'était, ou si elle était en vrac parce que je l'étais moi-même. Une fois que j'en ai eu conscience, j'ai pris sur moi pour me détendre afin de ne pas parasiter nos émotions mutuelles. »

C'est le domaine des sentiments exacerbés, des liens puissants, du respect mutuel et des discussions à n'en plus finir. Pour convaincre, pour expliquer, pour faire comprendre, pour obtenir quoi que ce soit.

C'est aussi le domaine de merveilleux moments de partage.

Surdoué vous-même, vous aurez à cœur de stimuler votre enfant : ne tombez pas dans le piège de la culpabilisation que vous renverra immanquablement le conditionnement social. Dites-vous bien que l'on n'en fait jamais trop pour un enfant. Votre enfant évolue et a sans cesse besoin de satisfaire sa curiosité, son ouverture d'esprit, sa créativité, son imagination : fournissez-lui sans scrupule ce dont il a besoin. Vous ne répondez pas à des caprices, mais à une exigence d'accomplissement.

Julien a trouvé le truc : « Mon fils adore les jeux de

société, les jeux créatifs, les livres… alors nous allons chez Emmaüs. D'une part, nous faisons une bonne action, et je lui enseigne ainsi la solidarité. D'autre part, les jeux et les livres n'y valent rien, ce qui me permet de satisfaire ses besoins. »

Les relations entre frères et sœurs peuvent s'avérer compliquées si vous n'expliquez pas qui est votre enfant précoce. Les aînés risquent de se sentir inférieurs si le petit réussit ce qu'eux ne parviennent pas à faire.

Bernard me raconte comment il s'est senti diminué devant sa sœur, de quatre ans sa cadette, qui avait des connaissances qui lui étaient inconnues : « Nous étions dans la voiture pour aller au collège et je me souviens d'une conversation avec notre père à propos de musique. Elle n'avait que 10 ans, j'en avais 14. Nous parlions de blues. Je ne savais pas comment le définir. Elle, de l'arrière de la voiture, se penche et dit : "C'est quand ils chantent avec la voix rauque." Mon père acquiesce et je me sens ridicule. C'était toujours ainsi. Plus tard, une fois adulte, je revenais des États-Unis et nous parlions de choses et d'autres, et hop cela recommence, elle dit un mot qu'elle connaissait (elle n'a jamais vécu à l'étranger) et moi non. Elle avait raison ! »

À l'opposé, Timéo est le cadet de Julien, enfant surdoué, et se sent « nul », comme il le dit lui-même, de ne pas réussir comme son frère qu'il a érigé en modèle.

Les relations dans une fratrie sont souvent empreintes de cette émulation-rivalité et sont exacerbées avec la présence d'un enfant surdoué.

Il vous faut, encore, vous armer de patience et surtout expliquer, expliquer encore qui est cet enfant afin qu'il ne fasse pas d'ombre aux autres. Sans le mettre sur un piédestal, simplement en mettant chacun à sa place et en explicitant qui sont chacun de vos enfants, avec leurs forces et leurs faiblesses.

Ne tombez par contre pas dans l'écueil tellement courant de l'enfant surdoué-affreux jojo. Je reçois régulièrement des parents pour des suspicions de surdouement. Pour le premier rendez-vous, je demande à les recevoir seuls, sans leur enfant, afin que la parole soit plus libre. Souvent ils viennent avec leur enfant. La parole est moins libre, mais les attitudes sont éloquentes. Je vois alors des parents en admiration devant leur enfant, tellement que celui-ci est devenu le tyran de la famille, se permettant, non pas que je sois un vieux barbon ronchonnant, de se servir seul en feuilles dans mon imprimante pour dessiner (sans demander), de couper et monopoliser la parole, de sauter à pieds joints sur les fauteuils, de passer sous mon bureau et… de m'enlever mes lacets de chaussures, de jouer avec les stores… le tout sans qu'aucun des deux parents ne dise rien.

La fin du rendez-vous est immanquablement ponctuée par un : « Vous voyez bien que tout va bien, il s'exprime librement, alors on ne voit pas pourquoi on nous dit que ça ne va pas à l'école. »

Au contraire de ce que vous croyez, si vous vous reconnaissez dans cet exemple, un enfant surdoué a plus besoin que les autres de repères : questionnant tout sans cesse, sa tranquillité est à ce prix.

Un travail passionnant et épanouissant

De même que pour les relations sentimentales, on me pose souvent la question du métier type pour un surdoué. La réponse est la même : c'est un non-sens que de se poser la question. D'aucuns ayant retenu que les surdoués sont créatifs en déduisent qu'il leur faut un métier artistique. C'est un bien pauvre raccourci que de réduire la créativité à l'art : la créativité est une capacité à inventer et à imaginer, dans tous les sens du terme, artistique certes, mais elle est à l'œuvre quotidiennement lorsqu'il s'agit d'inventer de nouvelles solutions, quel qu'en soit le domaine.

À ce titre, n'importe quel métier nécessite des capacités créatives.

De même, on entend souvent que « les » surdoués ne supportent pas la hiérarchie, et donc il est préférable qu'ils soient leur propre patron. Lieu commun encore une fois, qui réduit chacun à tous.

Il suffit de savoir que certains préfèrent un emploi salarié, quand d'autres préfèrent être à leur compte : c'est uniquement une question de personnalité.

Quant à la hiérarchie ce n'est qu'une question de personne : il est vrai que, dans une conception parfaite du monde, un supérieur hiérarchique se doit d'être supérieur à ses collaborateurs. Ce n'est que lorsque ce n'est pas le cas que cela devient un problème.

De même que survient un problème lorsque vos collaborateurs vous semblent en dessous des compétences qui devraient être les leurs.

Émilie se plaint que son adjoint ne fasse pas ce qu'elle lui demande, et elle ne le comprend ni ne l'admet : « Au prix où on le paye, la moindre des choses c'est de bien faire son travail. »

Clémentine, professeur des écoles, a ce même problème de compréhension et d'acceptation des limites de ses collègues.

Aucune des deux n'admet l'idée que les autres puissent fonctionner autrement qu'elles.

Lorsque Clémentine s'occupe des enfants de sa classe, cela ne lui pose aucun souci de voir qu'ils ne réfléchissent pas, se trompent, qu'ils fassent montre d'égoïsme, etc. En revanche, il lui est difficile de considérer ses collègues comme des enfants, c'est-à-dire dont les capacités sont plus limitées que les siennes.

À l'inverse, elle passe pour une madame Rabat-Joie, jamais contente de rien (alors que je vous rappelle qu'il s'agit uniquement d'une volonté d'amélioration), qui ne sait pas présenter ses idées, arrive en réunion les mains dans les poches et lance des idées abracadabrantes.

Cet avis reprend un certain nombre d'événements effectivement couramment vécus.

Pour les idées abracadabrantes, elles ne le sont pas, mais en avance d'un temps sur le déroulement des faits vous y ayant conduit. Souvenez-vous du raisonnement intuitif par rapport au raisonnement linéaire : le premier arrive plus rapidement à la conclusion. À vous donc de savoir que ce faisant vous risquez de ne pas être écouté, sauf si vous êtes connu pour votre créativité et vos idées anticipatoires, ou si vous l'assumez en explicitant rétroactivement vos arguments, ou encore en disant « n'importe quoi » que votre interlocuteur puisse entendre en fonction de sa personnalité.

Arriver les mains dans les poches à une réunion : oui, car votre présentation est entièrement dans votre tête, et en sortira le moment venu. Soit les autres vous connaissent pour ce que vous êtes, l'ayant spontanément perçu, ou que vous le leur ayez expliqué, et ils savent que votre présentation sera parfaite ; soit ils ne vous connaissent pas et vous avez besoin d'une interface avec eux. La règle, ici encore, est de leur donner ce qu'ils veulent, à votre façon. Utilisez ainsi une carte mentale sur laquelle vous aurez brossé les grandes idées que vous voulez traiter. L'on ne peut plus vous dire que vous n'avez pas travaillé, et vous en serez félicité.

Présenter ses idées reprend le même principe : pour les autres, présenter ses idées revient à les énoncer de manière linéaire. Or la linéarité va à l'encontre de votre nature. Utilisez encore une fois une carte mentale au lieu d'un plan linéaire.

Vous n'aurez besoin que d'ajouter des transitions si vous devez en faire un texte rédigé. Ce à quoi l'on me rétorque souvent que le texte ne sera pas structuré, avec des enchaînements logiques. J'ai pour habitude de répondre que les gens veulent y trouver des informations, des réponses à leurs questions, que vous mettiez celles-ci dans un ordre ou dans un autre importe peu, du moment que tout y est. Reste à créer la logique linéaire. Ce que vous ferez avec les transitions : une transition est une petite phrase qui vous permet de lier deux idées qui n'ont rien à voir l'une avec l'autre. Ainsi, si je vous parle de la Côte d'Azur à propos du festival de Cannes. Je continue en disant que cette année ils n'ont pas de chance avec le temps, maussade et pluvieux. Et j'enchaîne en rebondissant pour parler de la météo nationale.

Une fois cela admis, vous verrez que créer une logique devient… simplissime.

Comment faire au dernier moment ? Toujours en l'assumant, en l'expliquant et en utilisant des stratégies lorsque nécessaire. Si l'on vous connaît, soyez juste vous-même. Sinon, dites que votre travail avance, sans donner de précision. Si vous utilisiez votre empathie, vous sauriez ce que ressentirait votre interlocuteur si vous lui disiez que vous n'aviez pas commencé votre travail. Il paniquerait et, pensant que vous n'arriverez pas à bout de ce qu'il vous a demandé, le ferait à votre place.

Vous avez tout intérêt à expliquer comment vous fonctionnez : vous le savez, ils le voient et sont prêts à vous faire confiance, collaborateurs comme managers. Il suffit qu'ils puissent voir que cela est efficace. Dès lors que vous avez pu montrer votre efficacité, il ne vous reste qu'à thésauriser cette expérience. N'hésitez pas à rappeler vos réussites passées : « La dernière fois ça a marché, alors fais-moi confiance, cette fois cela marchera aussi. »

Le redire encore et encore, sans forfanterie.

Ainsi, lors d'une présentation : « Je commence toujours par la fin, aussi n'hésitez pas à me poser des questions si ce n'est pas clair pour vous. »

Apprenez à redérouler à l'envers les arguments qui vous ont conduit au résultat. Usez et abusez des cartes mentales.

Concernant vos valeurs morales, elles seront à l'œuvre en entreprise dans vos relations professionnelles. Ainsi, si votre manager vous demande un travail, ayant une seule parole, vous le ferez, indépendamment de votre charge de travail et indépendamment du temps supplémentaire que cela vous demande. Une fois, puis deux fois, puis trois… jusqu'à risquer de vous trouver submergé. Sachez fixer des limites à votre hiérarchie : ce n'est pas parce que vous travaillez vite et bien que vous devez en faire trop.

Vous le ferez sans penser non plus à d'éventuelles conséquences. Benjamin est cadre au département marketing de son entreprise : « Mon chef me demande d'aller voir les directeurs pour élaborer les plans stratégiques et de communication. N'ayant aucun problème à parler avec des supérieurs, j'y vais et donne mon point de vue sur les questions qui nous occupent. J'ai compris longtemps après qu'en fait il n'osait pas le faire lui-même parce que c'était un terrain politiquement glissant, alors il m'a envoyé au casse-pipe. J'en ai pâti et j'ai dû changer de poste. » Ce sont malheureusement les risques de la sincérité et de l'implication quand ils ne sont pas partagés par tous.

Il vous incombe de toujours utiliser votre vision globale pour savoir ce que sont les règles du jeu de la vie dans votre entreprise, et de pouvoir lire entre les lignes dans les tâches que l'on vous confie.

Je viens d'évoquer le fait que votre travail soit bien fait… Vaste question, qui vous taraude régulièrement. Qu'est-ce d'ailleurs qu'un travail bien fait ? Je n'entrerai pas dans vos polémiques qui sont de réaliser un travail parfait. De même qu'à l'école, où la moyenne est de 10/20, si vous donnez à l'utilisateur final, à savoir votre chef, votre client, etc., ce qu'il attend et s'il ne récrimine pas, c'est (et c'est la réalité) qu'il est satisfait de vous et que votre travail mérite au moins ce minimal 10/20. Que vous sachiez pouvoir faire plus, c'est certain, que ce soit utile est une autre question à laquelle seul vous pouvez répondre.

Travaillant avec conscience, implication et perfection, plus et encore plus peut vous conduire au burnout : vous en présentez le profil. Les causes chez vous ne sont, encore, pas celles des autres. Jérôme est médecin, il publie des livres, écrit des articles, organise des formations, participe à des séminaires et à des conférences. Il est régulièrement sollicité pour l'une ou l'autre de ses activités, tant en France qu'à l'étranger. « Vous comprenez, tout ce que l'on me propose m'intéresse, alors je disais oui à tout. À un moment, je me suis vu sur la mauvaise pente ; j'ai eu la conscience de ce qui m'arrivait et j'ai mis un frein à tout. J'ai refusé de participer à plusieurs colloques. Les amis qui les organisaient ont insisté, mais j'ai tenu bon. La difficulté est de dire "non" à quelque chose qui vous intéresse, qui vous passionne même et que vous avez envie de faire. Ce n'étaient pas des corvées. »

Si dans votre vie personnelle vous ne connaissez pas l'ennui, il n'en va pas forcément de même dans votre activité professionnelle. Plus que l'ennui d'ailleurs c'est la routine qui vous pèse. Routine qui arrive vite, et souvent on me dit que : « J'ai fait le tour de mon poste en quelques mois, et depuis, je ronge mon frein. » Cette réflexion implique que vous avez besoin de nouveauté et de diversité, et surtout que vous avez la certitude de ne pas pouvoir la trouver dans votre environnement de travail.

Sandra est chargée d'études de marché dans un institut de sondage. Elle trouve son cœur de métier répétitif alors qu'elle a beaucoup d'idées qui pourraient l'enrichir. Allant trouver son manager, elle lui propose de participer à des colloques, d'écrire des articles pour la revue interne de l'entreprise, d'organiser des séminaires, etc. Son chef est ravi, n'y ayant jamais pensé et n'ayant pas eu l'idée que cela pourrait l'intéresser.

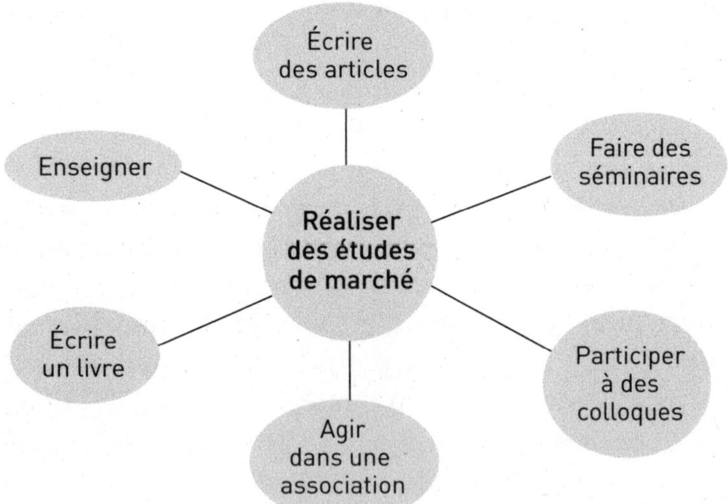

Concevoir votre vie professionnelle ainsi vous la rend plus riche et plus intéressante. Lorsque je présente cela, les surdoués que je reçois me disent que c'est exactement ainsi qu'ils perçoivent leur vie, mais qu'ils n'ont jamais pensé que ce serait possible de le mettre en place. Je vous assure que cela fonctionne. Et cela risque de vous emmener quelque part où vous n'aviez jamais pensé aller.

En effet, on peut imaginer qu'elle soit interviewée par des journalistes, suite à l'écriture de son livre et que, de fil en aiguille, elle soit sollicitée pour animer une émission de radio…

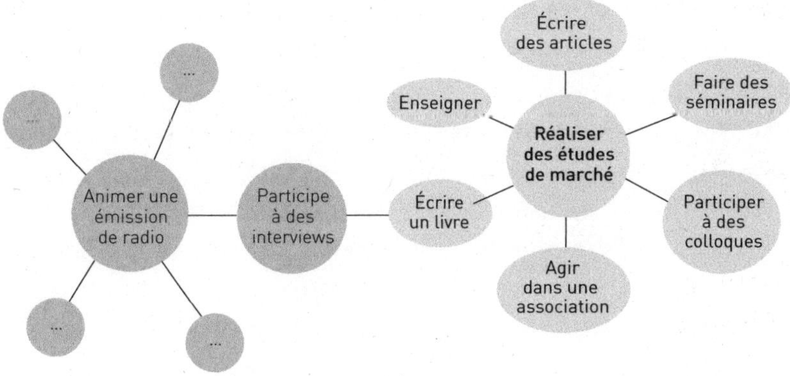

Cela est rendu possible, car vous étudiez chaque perche que l'on vous tend, vous êtes capable de saisir une opportunité qui se présente à vous sans y avoir jamais réfléchi auparavant. Ce qui fait dire à nombre des personnes que je reçois qu'elles n'ont pas choisi leur vie, qu'elles sont comme le fétu de paille emporté dans le courant de la rivière, sans aucun contrôle de leur destinée.

Ce n'est pas exact. S'il est vrai que vous avez le sentiment de ne pas choisir consciemment, en bruit de fond votre cerveau, qui sait ce qui est bon pour vous, ne vous pousse à accepter que ce qui vous correspond. Sandra, par exemple, n'aurait jamais accepté, je ne sais pas, de devenir commerciale dans une entreprise. Soyez certain que votre raisonnement intuitif vous fait faire les bons choix.

Comme vous acceptez ainsi les opportunités qui se présentent, votre carrière est loin d'être linéaire, et ce n'est pas vous qui saurez dire précisément, lors de vos entretiens annuels d'évaluation, où vous avez envie d'être dans plusieurs années. Qui, à part l'influence sociale, dit d'ailleurs qu'il faut avoir une carrière linéaire. Assumez-le et vous saurez extraire un cheminement cohérent que vous pourrez dès lors présenter dans votre CV.

Le fonctionnement intuitif a cela de particulier que tout se fait à votre insu, mais plus surprenant encore que l'évidence qui vous tombe de la tête est le fait que justement les opportunités et les réalisations se présentent à vous sans que vous ayez l'impression d'avoir rien fait. C'est ce que l'on appelle le marketing de bouche-à-oreille.

Il s'agit simplement de dire autour de vous ce dont vous avez envie, vos projets, vos aspirations. Un jour, le téléphone sonnera et l'on vous proposera un poste intéressant.

Mais je trouve que les exemples les plus marquants concernent l'activité commerciale. Dans un marketing commercial classique, vous avez une liste de prospects que vous devez appeler (le fameux *phoning* que vous avez en horreur et qui peut vous faire dire que vous avez une phobie du téléphone) afin de les qualifier, d'obtenir un rendez-vous et de réaliser une vente. Je ne connais pas les chiffres exacts, mais les résultats sont de l'ordre de 10 %.

Avec le marketing de bouche-à-oreille, vous avez un résultat de 100 %. En effet, vous n'avez que des rendez-vous dont vous êtes sûr, vous ne déroulez pas un discours standard, mais êtes à l'écoute de votre client et lui faites une proposition personnalisée, si bien que le résultat est garanti.

Sophie est commerciale dans une petite structure :

« C'était difficile pour moi au début d'être dans le même bureau que mon boss, car il me pressait pour faire du *phoning*, ce que je ne faisais pas. Puis il a vu que je n'avais que quelques rendez-vous par semaine, et là, il a commencé à s'inquiéter. Mais voyant mes résultats – mon chiffre d'affaires est meilleur que le sien, maintenant il a compris que je fonctionnais différemment et il est très content ainsi. »

Conclusion

J'espère vous avoir conduit dans ce voyage vers un terrain nouveau : celui des surdoués qui vont bien. Des personnes que vous fréquentez quotidiennement, normales, humaines avant tout.

Des personnes qui ne sont pas forcément des génies, non plus que l'intello de service. Des personnes humbles, chaleureuses et différentes que vous gagnerez à connaître, car elles vous font voir le monde du bon côté, vous poussant en avant et vous permettant de donner le meilleur de vous-même.

Mon but était multiple en commençant ce périple et j'aimerais, maintenant que nous en arrivons au bout, que vous en gardiez quelques traces :

- les vrais surdoués sont des personnes plus intelligentes, mais qui n'en font pas étalage ; ils se sentent humbles et pas plus intelligents que les autres ; d'autres sont aussi intelligents qu'eux ;
- ils sont intuitifs, d'autres le sont aussi ;
- ils ont des valeurs, d'autres aussi ;
- ils sont curieux et passionnés de tout, d'autres également ;
- ils ont une mémoire d'éléphant, ce ne sont pas les seuls ;
- on les appelle œil de lynx, il n'y a pas qu'eux ;

- ils sont hypersensibles, certains le sont plus encore ;
- ils vont bien, nombre de nos congénères aussi.

En revanche, ils sont seuls à être tout cela à la fois. Et bien d'autres choses encore. Car, au-delà de ce portrait-robot, leur personnalité est propre à chacun d'entre eux.

Humains avant tout, ils sont semblables aux autres, et dissemblables l'un à l'autre. Parler « des surdoués » n'a aucun sens. Parler de vous en a.

Vous guider et vous orienter comme « tous les surdoués » vous desservira ; vous accompagner dans l'épanouissement de votre personnalité vous sera bénéfique.

Il faut faire confiance à qui vous êtes, car tout ce que je viens d'écrire, tout ce que vous venez de lire, vous le saviez déjà, sans mettre de mots – ces mots, ce sont les miens – sur votre vie, vous le sentiez. Je n'ai fait que mettre en relief, expliciter ce fonctionnement que vous connaissez par cœur et qu'il vous incombe d'apprivoiser.

Vous en avez le devoir, car vous avez en vous le potentiel pour réaliser de grandes choses, notamment tirer la planète dans le bon sens, faire évoluer l'humanité. Ce sont des grands mots, mais je ne suis pas seule à les dire. C'est une réalité, inscrite dans vos gènes, dans votre corps, votre cœur et votre âme. Assumez-la, pour vous et pour les enfants que vous avez, que vous aurez, qui seront peut-être probablement surdoués également et que vous accompagnerez à votre tour sur leur chemin.

ANNEXES

BMRI-Adultes

1) Aurélie et Stéphane sont professeurs des écoles. Ils ont un projet « sport » à monter ensemble pour leurs deux classes.

☐ a) Stéphane s'installe à un bureau, passe en revue ce qu'il a à faire, et élabore son projet.

☐ b) Aurélie va ranger sa classe pour que ses idées mûrissent pendant ce temps.

2) Audrey et Thierry sont tous les deux à une soirée. Un de leurs amis raconte une blague.

☐ a) Audrey demande plusieurs fois qu'on la lui répète : « Je ne comprends toujours pas » dit-elle, pour s'entendre finalement dire : « Il n'y a rien à comprendre. »

☐ b) Thierry rit de bon cœur : « Quel boute-en-train tu fais, tu as toujours une bonne histoire à raconter. »

3) Claire et Catherine discutent ensemble.

☐ a) Claire expose une idée. Si Catherine lui demande d'expliquer comment elle sait cela, elle répond : « Je ne sais pas. »

☐ b) Catherine explique ses arguments et son cheminement pour enfin arriver à son idée. Lorsque

Claire lui demande où elle veut en venir, elle répond : « Attends, je n'ai pas terminé. »

4) Damien et Julien se rendent dans le bureau d'un collègue.

□ a) Julien prend ses documents et y va directement.

□ b) Damien s'arrête entre deux portes, le nez en l'air. Il reste là un instant, réfléchissant sans penser, puis repart : il sait ce qu'il a à faire.

5) Alexandre et Marylou sont au collège. Leur professeur de français n'est pas très agréable.

□ a) Marylou ne s'en fait pas plus que cela et son niveau reste le même que les années précédentes : « Un prof est un prof et je ne suis pas là pour m'entendre avec elle. »

□ b) Alexandre, qui a toujours été bon élève en français, voit ses résultats chuter : « De toute façon elle est nulle et elle m'a dans le collimateur. »

6) Guillaume et Clémentine sont tous les deux commerciaux. Ils ont la même ambition, devenir directeur commercial.

□ a) Guillaume peut visualiser le déroulement de sa carrière étape par étape, qu'il programme l'une après l'autre et réalise en ayant conscience de ce qu'il doit mettre en œuvre.

□ b) Clémentine peut voir le résultat très précisément. Elle sait qu'elle a les compétences et les qualités requises pour évoluer et ne comprend pas pourquoi on ne lui a pas encore accordé de promotion.

7) Julie et Antoine sont chargés de communication dans une entreprise.

☐ a) Antoine explique les atouts de son idée, les avantages stratégiques que cela représente pour l'entreprise, qui sera alors plus concurrentielle. Son chef l'écoute attentivement et adopte cette idée immédiatement.

☐ b) Lorsque Julie présente une nouvelle idée à son supérieur hiérarchique, celui-ci ne l'entend pas. Par contre, quelque temps plus tard, il vient la trouver et lui annonce qu'il a une idée : celle-là même que Julie avait évoquée auparavant.

8) Stéphane et Marie vivent ensemble.

☐ a) En se levant, Marie s'attable devant son café et termine son petit déjeuner sans penser à rien.

☐ b) Stéphane se lève, allume son ordinateur, prépare le petit déjeuner, démarre le lave-linge et lit un livre en prenant son petit déjeuner.

9) Le père de Marie-Hélène et de Lucas est malade.

☐ a) Sans savoir l'expliquer, Marie-Hélène pense que le traitement est un peu insuffisant.

☐ b) Lucas pense qu'il faut laisser au traitement le temps de faire son effet.

10) Damien et Gilles sont tous les deux palefreniers dans une écurie.

☐ a) Gilles parle des chevaux, de ses tracas quotidiens avec sa copine, de ses sorties.

☐ b) Damien regrette que Gilles ne connaisse ni ne s'intéresse aux films de Charlot, de Buster Keaton, etc.

11) Jessica et Alexis sont tous deux enseignants du supérieur.

☐ a) Jessica prépare ses cours longtemps à l'avance, faisant d'abord les recherches dont elle a besoin, puis ordonnant ses documents, rédigeant son plan et enfin écrivant la totalité de son cours.

☐ b) Alexis y pense pendant des semaines, mais il ne s'y met qu'au dernier moment, ne rédigeant qu'un plan succinct avec les idées principales, celles qu'il ne veut surtout pas oublier.

12) Leur chef demande à Véronique et à Éric de préparer une présentation pour le comité de direction de leur entreprise.

☐ a) Éric y a réfléchi et arrive avec un pense-bête sur lequel il a noté ses idées : son discours s'élaborera au fur et à mesure qu'il parlera.

☐ b) Véronique a tout pensé d'avance, l'enchaînement de ses idées les unes après les autres et a tout rédigé de manière à ne rien oublier.

13) Julien et Caroline sont en master de lettres modernes. Avant l'examen, tous deux connaissent leur sujet sur le bout des doigts. La question était : « Que pouvez-vous dire de… ? »

☐ a) Caroline fait une synthèse du cours qui lui a été administré et réussit son épreuve haut la main.

☐ b) Julien donne son opinion personnelle, essayant de créer une pensée neuve. Son résultat est jugé hors sujet et sa note médiocre.

14) Arnaud et Vincent planchent sur un devoir d'histoire. Ils ont tous deux déjà appris leur leçon.

☐ a) Arnaud a devant lui son ordinateur, une bande

dessinée, son livre d'histoire et une feuille. Il gribouille quelques mots, quelques idées, se lève, va voir dans le réfrigérateur, revient, note une autre idée, lit quelques pages de sa bande dessinée, et, d'un coup, sans plus réfléchir, rédige la totalité de son devoir.

☐ b) Vincent est assis à son bureau, ses documents autour de lui. Il se concentre sur son sujet, écrit un plan détaillé, rédige un brouillon et le recopie. De temps en temps, il s'arrête pour vérifier une date dans son livre d'histoire.

15) Jérôme et Sandra sont depuis deux ans dans la même entreprise.

☐ a) Comme d'habitude, Sandra a fait le tour de son poste et s'ennuie, trouvant la répétition des mêmes tâches démotivante. Elle pense à changer d'entreprise, mais se dit que tout recommencera à l'identique.

☐ b) Jérôme pense à progresser au sein de l'entreprise. Il est devenu performant dans son domaine qu'il connaît bien maintenant, et trouve de la nouveauté dans chaque dossier, bien qu'il les traite de la même manière, chacun étant spécifique.

16) Clémentine et Michel débutent l'équitation.

☐ a) Michel progresse en prenant des leçons. Il sait ce qu'il faut faire pour faire obéir son cheval, et il manque juste un peu de pratique.

☐ b) Clémentine observe et écoute les autres ; on lui dit qu'elle est bonne cavalière et qu'elle a un bon coup d'œil, mais elle ne sait pas comment elle fait.

17) Mathilde et Christophe doivent chacun écrire une lettre épineuse.

☐ a) Mathilde va faire son jardin : « D'un coup, cela fait "plop", la solution m'apparaît limpide et évidente. »

☐ b) Christophe rédige une première lettre, la relit, la corrige... jusqu'à en être satisfait.

18) Geneviève et Max doivent prendre une décision pour accepter ou non un nouveau poste.

☐ a) Geneviève pèse minutieusement le pour et le contre, et mesure les avantages et les inconvénients.

☐ b) Max s'engouffre dans une nouvelle aventure, réfléchissant au fur et à mesure qu'il avance et changeant de direction lorsqu'il constate qu'il s'est trompé.

19) Benjamin et Augustin sont amis. Ils se retrouvent souvent avec des amis communs.

☐ a) Augustin écoute les autres, prend note de ce qu'ils disent et profite du temps qui passe.

☐ b) Benjamin voit chez chacun ce qui pourrait être amélioré, et donne donc conseil sur conseil.

20) Sophie et Philippe sont dessinateurs de dessins animés.

☐ a) Sophie a du mal à s'arrêter et à rendre son travail ; il faut quasiment le lui arracher des mains : « Il y a toujours quelque chose qui peut être amélioré, ce n'est jamais parfait. »

☐ b) Philippe n'hésite pas à rendre son travail : « Ce qui compte c'est que mon chef soit satisfait, et surtout le spectateur final, qui, lui, ne verra pas les quelques points qui peuvent être améliorés ; pour cela on verra par la suite, au fur et à mesure. »

21) Violaine et Amélie discutent ensemble.

☐ a) Amélie écoute ce que Violaine lui dit, y réfléchit et lui répond : elle rebondit sur la parole de l'autre.

☐ b) Violaine termine souvent les phrases d'Amélie avant qu'elle ait fini de parler.

22) Théo et Marie doivent élaborer un programme de réunions pour les cadres supérieurs de leur entreprise.

☐ a) Marie s'installe à son bureau, ouvre son ordinateur, écrit le titre, regarde par la fenêtre, écrit quelques lignes, passe un coup de fil pour résoudre le problème de son correspondant, écrit quelques lignes, va discuter avec son collègue du bureau voisin d'un autre dossier, écrit encore quelques lignes, va boire un café… « Je ne sais pas me concentrer ; au final, il me faut un temps fou pour terminer mon travail ! »

☐ b) Théo s'installe à son bureau, ouvre son ordinateur et se concentre sur son projet durant toute l'après-midi : « Parfois, je fais une pause, pour aller boire un café avec mes collègues, puis je me replonge dans mon dossier. »

23) Luc et Marc restructurent leur équipe ; ils doivent répartir les postes et les tâches de chacun de leurs collaborateurs.

☐ a) Marc se penche sur les dossiers de chacun, regarde leurs atouts, leurs compétences, leurs réalisations et leurs limites. Il travaille sur ce plan de restructuration un peu chaque jour : « Je ne veux pas me tromper et comme, en plus, il faut que j'assure le quotidien, alors je prends mon temps. »

☐ b) Luc connaît bien chacun de ses collaborateurs. En quelques heures, il a créé une nouvelle structure, dessiné l'organigramme de sa future équipe : « C'est passionnant, je m'y suis consacré toute la matinée, et le résultat me plaît. »

24) Jacques et André ont la quarantaine. Leur vie a suivi son cours sans anicroche particulière.

☐ a) André a le sentiment d'être bien intégré dans sa communauté, il participe aux réunions de parents d'élèves de ses enfants et est membre du club de football : « J'ai construit ma vie dans la direction qui me plaisait, et j'ai toujours eu le sentiment de bien comprendre les autres. Je ne me pose pas plus de questions que cela et ma vie me plaît. »

☐ b) Jacques a toujours eu l'impression d'être à côté des autres et qu'il n'a pas réellement choisi sa voie : « J'ai été comme le fétu de paille que l'eau de la rivière emporte avec elle, et je ne comprends pas bien les autres qui me cataloguent souvent d'arriviste, de prétentieux, d'arrogant de "je sais tout" ou de "je-m'en-foutiste", ce qui est à l'inverse de moi. »

25) Tim et Roxane sont en classe de 4e. Ils ont été bons élèves jusque-là. Le professeur de mathématiques leur demande de justifier leur raisonnement pour expliquer qu'un triangle est rectangle.

☐ a) Tim ne comprend pas : « C'est évident, cela se voit et je ne sais pas comment je peux justifier cela. »

☐ b) Roxane reproduit le raisonnement qu'elle a appris en classe : « Il suffit de refaire ce que nous avons déjà fait, simplement en expliquant quels théorèmes j'utilise : il n'y a rien à comprendre. »

26) Fabrice et Andrée sont tous deux salariés d'une grosse entreprise.

☐ a) Fabrice sait que la « règle du jeu » veut qu'il fasse abstraction de certains de ses principes : « Je sais compartimenter ma vie ; j'ai un rôle de mari et de père, dans lequel j'affirme mes valeurs, et je suis assez intransigeant d'ailleurs ; dans le contexte professionnel, ce ne serait pas approprié de les mettre en avant, et ça ne me vient même pas. »

☐ b) Andrée ne sait pas que la « règle du jeu » implicite lui impose de faire des concessions : « Je ne tolère pas un manque de considération à mon égard et à celui des autres ; j'ai des valeurs et je les exprime de la même façon chez moi et au travail, et il n'est pas question de transiger. »

27) Agnès et Dominique lisent un livre d'histoire.

☐ a) Agnès le lit d'un bout à l'autre. Elle est concentrée et rien ne la dérange.

☐ b) À chaque page Dominique s'interrompt dans sa lecture, une phrase qu'il a lue l'interpellant et l'obligeant à aller chercher la réponse dans un autre livre. Une idée en entraîne une autre et il se retrouve à lire trois livres à la fois.

28) À l'approche des élections, Aurélie et Jean-Luc s'interrogent avant d'aller voter.

☐ a) Aurélie a ses opinions politiques, et il lui est facile de décider pour qui voter.

☐ b) Jean-Luc sait qu'il n'a pas tous les atouts en main et qu'il n'a pas les moyens de connaître les dessous des cartes. Il ne sait pas quoi faire.

Grille de réponses

Question	Réponse a)	Réponse b)
1		
2		
3		
4		
5		
6		
7		
8		
9		
10		
11		
12		
13		
14		

Question	Réponse a)	Réponse b)
15		
16		
17		
18		
19		
20		
21		
22		
23		
24		
25		
26		
27		
28		

Grille de dépouillement

Question	Réponse a)	Réponse b)	Question	Réponse a)	Réponse b)
1		▲	15	▲	
2	▲		16		▲
3	▲		17	▲	
4		▲	18		▲
5		▲	19		▲
6		▲	20	▲	
7		▲	21		▲
8		▲	22	▲	
9	▲		23		▲
10		▲	24		▲
11		▲	25	▲	
12	▲		26		▲
13		▲	27		▲
14	▲		28		▲

Comptabilisez le nombre de triangles correspondant à vos réponses.

Vous comptez plus de 14 triangles, vous montrez un fonctionnement intuitif.

BMRI-Enfants

1) Mélanie et Jeanne ont toutes deux fait un voyage en France. Lorsqu'un an après on leur demande comment il s'était déroulé.

☐ a) Mélanie dit qu'elle allait voir ses cousins et qu'elle ne sait pas si elle avait fait une étape avant d'arriver.

☐ b) Jeanne raconte l'étape qu'elle avait faite, le musée qu'elle a visité, le restaurant où elle a dîné et décrit en détail l'hôtel ainsi que la ville.

2) Hervé et Anne prennent leur petit déjeuner. Leur maman a ouvert la bouteille de lait la veille.

☐ a) Hervé trouve le lait tourné et s'énerve devant l'entêtement de sa mère à lui maintenir le contraire.

☐ b) Anne boit son chocolat et en laisse un fond. Sa mère le termine et le recrache, car il est tourné.

3) Thomas et Alexandre sont en moyenne section de maternelle. Voici l'appréciation sur leur bulletin scolaire.

☐ a) Pour Thomas : « Enfant très cultivé avec fort degré de langage. »

☐ b) Pour Alexandre : « Bonne année. Alexandre est attentif et appliqué. Il aime apprendre. »

4) Damien et Julien sont au CP. Lorsqu'ils ont terminé leur travail, ils peuvent faire des coloriages magiques.

☐ a) Julien se dépêche, car il adore cela.

☐ b) Damien prend son temps, et ne termine pas son travail, exprès, car il n'aime pas les coloriages magiques et n'en voit pas l'intérêt.

5) Alexandra et Marylou ont une amie qui régulièrement leur dit qu'elles n'ont pas le droit de jouer et qu'elle n'est plus leur amie.

☐ a) Marylou ne s'en fait pas plus que cela et va jouer avec une autre amie.

☐ b) Alexandra revient en larmes chez elle.

6) Guillaume et Clémentine font tous les deux de l'équitation. La monitrice est acariâtre et revêche.

☐ a) Guillaume ne le remarque pas. Il est là pour monter à cheval.

☐ b) Chaque semaine, Clémentine rechigne à aller à l'écurie, alors même qu'elle adore monter à cheval.

7) Julie et Antoine sont en CM1. Ils ont des mots à apprendre pour préparer leurs dictées. Les deux premières permettent de s'entraîner, et sont faites sur l'ardoise, la troisième est la dictée évaluée par la maîtresse.

☐ a) Antoine s'améliore de la première à la troisième dictée.

☐ b) Julie ne fait aucune faute à la première et fait jusqu'à quinze fautes à la troisième.

8) Stéphane et Marie sont frère et sœur.

☐ a) En se levant, Marie s'attable devant son chocolat et termine son petit déjeuner sans penser à rien.

☐ b) Stéphane se lève, joue un peu, vient déjeuner

après avoir été appelé plusieurs fois, discute en déjeunant et en oublie de manger, et lit un livre en prenant son petit déjeuner.

9) Marie-Hélène et Lucas ont un exercice d'arithmétique à terminer.

☐ a) Pour additionner ses chiffres, Marie-Hélène utilise toujours un chemin personnel, ajoutant d'un côté, retranchant de l'autre, et complétant ainsi son opération : 7+8 devient 5+2+5+3.

☐ b) Lucas a appris ses tables d'addition et sait sans réfléchir que 7+8 font 15.

10) Damien et Gilles sont tous les deux en CE1.

☐ a) Gilles regarde de temps en temps voler les mouches ; il se fait reprendre car il ne sait plus ce qu'il devait faire.

☐ b) Damien baye souvent aux corneilles, mais il n'oublie jamais ce qu'il a à faire.

11) On dit souvent de Jessica et d'Alexis qu'ils ne savent pas se concentrer et qu'ils n'ont pas de constance dans les activités.

☐ a) Jessica papillonne d'un jeu à une activité manuelle, pour prendre un livre et regarder la télévision. Elle n'investit pas grand-chose.

☐ b) Alexis a de nombreux centres d'intérêt. Il passe d'une activité à une autre, et peut s'y consacrer pendant longtemps si cela a du sens pour lui.

12) Leurs mamans demandent à Véronique et à Éric de ranger leurs chambres respectives. Elles les y aident.

☐ a) Éric commence plein de bonne volonté. Cependant,

dès qu'il retombe sur un jeu qu'il aime, il y joue et oublie le rangement.

☐ b) Véronique rechigne à ranger, mais le fait avec sa maman, sans rien faire d'autre.

13) Julien et Caroline doivent apprendre leur leçon d'histoire.

☐ a) Caroline l'a apprise sur les documents remis par la maîtresse et la connaît par cœur.

☐ b) Après avoir posé de nombreuses questions, lu des livres et visionné des documentaires, Julien l'a comprise et a du mal à la restituer à l'identique.

14) Arnaud et Vincent planchent sur un exposé sur les planètes.

☐ a) Arnaud connaît bien ce sujet qui l'a toujours intéressé. Il explore de nombreux documents puis propose ses idées.

☐ b) Vincent a lu un article sur Internet, accepte les idées d'Arnaud et lui en propose une mise en forme.

15) Jérôme et Sandra ont un ami qui présente un certain nombre de difficultés à l'école.

☐ a) Sandra fait tout ce qu'elle peut pour l'aider. Elle est même prête à redoubler pour rester dans la même classe que lui : c'est normal, c'est son ami.

☐ b) Jérôme aime bien son ami qu'il invite souvent, et avec qui il aime passer du temps. Il n'a pas l'idée de l'aider : il fait son travail, c'est déjà bien suffisant.

16) Clémentine et Michel font un dessin qui ne leur plaît pas.

☐ a) Michel efface et corrige ce qu'il n'aime pas. Il s'applique et recommence autant que nécessaire.

☐ b) Clémentine fait son dessin d'un jet. Elle le trouve affreux, en fait une boule de papier et le jette, en colère.

17) Mathilde et Christophe voient un de leurs camarades se faire molester.

☐ a) Mathilde va le dire à la maîtresse : ce n'est pas juste, il n'a rien fait.

☐ b) Christophe ne dit rien : il a peur que les autres ne refusent à l'avenir de jouer avec lui.

18) Geneviève et Max vont dormir chez une copine.

☐ a) Geneviève s'en va vite, ravie, et en oublie de faire un bisou à sa maman : elle est assez autonome.

☐ b) Max a du mal à quitter sa maman, à qui il fait un câlin énorme : il est très proche d'elle.

19) Benjamin et Augustin se retrouvent pour jouer.

☐ a) Augustin n'a, dans sa chambre que les jouets récents, de son âge.

☐ b) Benjamin a gardé tous ses jouets de petit : il les connaît tous, même ceux qui sont rangés au grenier et il a régulièrement besoin d'aller les y rechercher.

20) Sophie et Philippe sont en CM1

☐ a) Sophie est très différente chez elle et à l'école. Chez elle, elle est très éveillée, s'intéressant à tout, et montrant de nombreuses connaissances, plus vastes que celles évaluées à l'école. Là, elle se montre plus éteinte et ne restitue pas ses connaissances.

☐ b) Philippe est identique à la maison et à l'école, s'intéressant à ses leçons et à ses activités extrascolaires.

21) Violaine et Amélie discutent ensemble.

☐ a) Amélie écoute ce que Violaine lui dit, y réfléchit et lui répond : elle rebondit sur la parole de l'autre.

☐ b) Violaine termine souvent les phrases d'Amélie avant qu'elle ait fini de parler.

22) Théo et Marie viennent d'avoir une leçon sur la pollution.

☐ a) Marie rentre chez elle et commence sa douche à l'eau froide sans attendre qu'elle ne chauffe. En se brossant les dents, elle fait la leçon à son frère aîné qui laisse couler trop d'eau.

☐ b) Théo a entendu sa leçon, l'a trouvée intéressante. Il ne pense pas à réduire sa consommation d'eau une fois rentré chez lui.

23) Luc et Marc n'ont pas été invités à l'anniversaire d'un ami.

☐ a) Marc lui en veut. Il refuse de lui parler et de jouer avec lui pendant de nombreux jours.

☐ b) Sur le coup Luc est déçu. Il n'en veut pas à son ami, et comprend que ce n'est pas un problème de ne pas avoir été invité, il y a une raison : sa mère avait limité le nombre d'invités.

24) Jacques et André sont à la kermesse de leur école.

☐ a) André n'aime pas les chewing-gums. Il n'a jamais fait attention au fait que de nombreux autres enfants en mâchent toujours un.

☐ b) Jacques n'aime pas les sodas. Il a toujours eu l'impression d'être un peu « à côté » des autres : « Pourquoi je suis le seul à ne pas aimer les sodas ? »

25) Tim et Roxane sont ensemble depuis cinq ans. En grande section, ils avaient fait un élevage d'escargots.

☐ a) Tim en parle à son amie : il se souvient de tout le contexte, du nombre d'escargots qu'il avait apportés, de ce qu'ils mangeaient et à quoi ressemblait l'aménagement de l'aquarium.

☐ b) Roxane se souvient seulement qu'ils avaient étudié les escargots.

26) Fabrice et Andrée sont en CM2.

☐ a) Fabrice est bon élève. Il a besoin de travailler régulièrement et passe du temps à ses devoirs.

☐ b) Andrée passe environ cinq minutes par jour à ses devoirs, ne faisant que ceux dont elle a besoin, oralement la plupart du temps.

27) Agnès et Dominique lisent un livre d'histoire.

☐ a) Agnès le lit d'un bout à l'autre. Elle est concentrée et rien ne la dérange.

☐ b) À chaque page Dominique s'interrompt dans sa lecture, une phrase qu'il a lue l'interpellant et l'obligeant à aller chercher la réponse dans un autre livre. Une idée en entraîne une autre et il se retrouve à lire trois livres à la fois.

28) Sur les bulletins d'Aurélie et de Jean-Luc, CE2, on peut lire :

☐ a) « Aurélie est une excellente élève qui s'investit beaucoup dans son travail. Très bonne année. »

☐ b) « Jean-Luc est intéressé et intéressant : on en profite ! Très bonne année. Il faut encore faire un effort en soin et en écriture. »

Grille de réponses

Question	Réponse a)	Réponse b)
1		
2		
3		
4		
5		
6		
7		
8		
9		
10		
11		
12		
13		
14		

Question	Réponse a)	Réponse b)
15		
16		
17		
18		
19		
20		
21		
22		
23		
24		
25		
26		
27		
28		

Grille de dépouillement

Question	Réponse a)	Réponse b)	Question	Réponse a)	Réponse b)
1		▲	15	▲	
2	▲		16		▲
3	▲		17	▲	
4		▲	18		▲
5		▲	19		▲
6		▲	20	▲	
7		▲	21		▲
8		▲	22	▲	
9	▲		23		▲
10		▲	24		▲
11		▲	25	▲	
12	▲		26		▲
13		▲	27		▲
14	▲		28		▲

Comptabilisez le nombre de triangles correspondant à vos réponses.

Vous comptez plus de 14 triangles, votre enfant montre un fonctionnement intuitif.

TABLE

pca
cmb
édition pré-presse
livres numériques

44400 Rezé

IMPRIM'VERT®

Achevé d'imprimer
en janvier 2018
par Corlet Imprimeur
14110 Condé-sur-Noireau

Dépôt légal : mars 2017
N° d'imprimeur : 195335
Imprimé en France